建筑工程现场施工系列丛书

图解公路工程施工常见问题及应对措施

谢芳芳　王鹏英　陈旭东　主编

公路建设中遇到的施工病害如何去处理？采取何种措施更加有效？如何对病害成因进行正确分析？处置问题经济有效的方案以及资源如何充分利用？公路施工后期养护中遇到的问题如何避免？公路项目资料如何管理？实验室管理如何进行归类分析？

本书针对公路工程施工的特点并结合作者多年的施工经验，系统地介绍了公路工程施工常见问题及应对措施。本书共7章，包括公路工程施工准备、路基施工常见问题及应对措施、路面施工常见问题及应对措施、桥梁工程施工常见问题及应对措施、隧道工程施工常见问题及应对措施、交通工程施工常见问题及应对措施、资料管理及实验室管理。

本书内容简明实用、图文并茂，实际操作性较强，可作为公路工程施工、监理和管理等相关人员的学习用书，也可作为大中专学校、职业技能培训学校公路工程专业及工程类相关专业的参考用书。

图书在版编目（CIP）数据

图解公路工程施工常见问题及应对措施/谢芳芳，王鹏英，陈旭东主编.—北京：机械工业出版社，2022.11
（建筑工程现场施工系列丛书）
ISBN 978-7-111-71943-4

Ⅰ.①图⋯ Ⅱ.①谢⋯ ②王⋯ ③陈⋯ Ⅲ.①道路施工－施工管理－图解 Ⅳ.①U415.1-64

中国版本图书馆 CIP 数据核字（2022）第 204526 号

机械工业出版社（北京市百万庄大街22号　邮政编码100037）
策划编辑：汤　攀　　　　　责任编辑：汤　攀　关正美
责任校对：薄萌钰　王明欣　封面设计：张　静
责任印制：郜　敏
三河市骏杰印刷有限公司印刷
2023年1月第1版第1次印刷
169mm×239mm・14印张・261千字
标准书号：ISBN 978-7-111-71943-4
定价：59.00元

电话服务　　　　　　　网络服务
客服电话：010-88361066　机　工　官　网：www.cmpbook.com
　　　　　010-88379833　机　工　官　博：weibo.com/cmp1952
　　　　　010-68326294　金　书　网：www.golden-book.com
封底无防伪标均为盗版　机工教育服务网：www.cmpedu.com

本书编写人员

主　编
谢芳芳　王鹏英　陈旭东

副主编
张　瑞　于文静　王中榜

参　编
张胜伟　万二帅　郭　宇
王笑语　张小平　赵小云
张建忠　陈素叶　曾亚萍
张巧霞　赵运方　牛淑娟

前　言

公路建设作为我国基础设施建设的重要组成部分，不仅关系到城市的发展、人们的出行，而且关系到国家、地区的经济发展。路基路面是公路最重要的组成部分，也是公路养护的重点内容和部位。由于其病害的发生直接影响公路的使用功能，所以备受重视。在实际施工过程中，各种施工问题层出不穷，花样百出。那么，公路建设中遇到的这些问题应该如何解决？针对这些施工过程中的病害如何处理？采取何种措施更加有效？处置这些病害，涉及对病害成因的正确分析、选择经济有效的处置方案、资源的充分利用以及环境保护等诸多方面的问题，多数情况下往往因不能对症下药而效果甚微，导致工期拖延。

本书以图解的形式讲解了公路工程施工常见问题及应对措施。本书针对具体的问题采用直入主题的方式来进行讲解，具体的呈现形式首先是出现问题的"表现形式"，然后是有针对性地分析"形成原因"并给出相应的"应对措施"。全书主线清晰，书中多以"图解＋表格"的形式展示，配以工程施工过程中的质量检查和现场实际图片，并以拉线和旁批的方式进行解释。每章内容主题突出，针对公路工程施工中常见的施工问题与质量通病提出问题，然后解决问题，展示形式多样，一目了然，看表面现象，剖实际问题，掌握解决措施。

本书在内容编写上具有如下特点：

1. 实用性强。书中内容直接来自实际施工中遇到的问题，解施工人员之所需，可参考性强。

2. 结构清晰。全书根据"提出问题——分析形成原因——给出应对措施"顺序编写，思路清晰明了，阐述简明扼要，让读者清楚问题之所在，明白措施之所用。

3. 形式新颖。书中并不是单纯的文字阐述，而是结合施工图片加以旁批或是拉线的形式，同时将形成原因和应对措施列于表格中，一一对应，形式多样，提高读者的学习兴趣。

本书在编写过程中，得到了许多同行的大力支持和帮助，在此一并表示感谢。由于时间仓促，书中难免会有不妥之处，恳请广大读者批评指正。

编　者

目 录

前言

第1章 公路工程施工准备 ... 1
1.1 一般规定 ... 1
1.2 测量放线 ... 2
1.2.1 测量放线的要求 ... 2
1.2.2 测量放线的方法 ... 3
1.3 场地清理 ... 13

第2章 路基施工常见问题及应对措施 ... 15
2.1 一般路基施工 ... 15
2.1.1 原地面压实后出现"弹簧"现象 ... 15
2.1.2 路基沉陷 ... 16
2.1.3 路基滑坡 ... 22
2.1.4 路基开裂 ... 26
2.1.5 填挖方交界处路基产生差异沉降 ... 28
2.1.6 路基表面出现"放炮"现象 ... 30
2.1.7 路基压实度不足 ... 30
2.1.8 填石路基中大块石集中 ... 31
2.2 特殊路基施工 ... 32
2.2.1 软土路基 ... 32
2.2.2 湿陷性黄土地区地基陷穴 ... 35
2.2.3 冻土地区路基 ... 36
2.2.4 路基翻浆 ... 38
2.2.5 涎流冰路基 ... 41
2.2.6 岩溶地区路基 ... 43
2.2.7 膨胀土路基 ... 44
2.2.8 盐渍土地区路基 ... 46

2.3 冬、雨季路基施工 ·· 47
2.4 改扩建工程路基施工 ·· 50
2.5 排水工程 ·· 52
2.6 防护与支挡工程 ·· 53
2.7 路基修正 ·· 56
2.8 路基重点工程监测与观测 ····································· 58

第3章 路面施工常见问题及应对措施 ···························· 62
3.1 路面基层（底基层）施工 ····································· 62
3.1.1 底基层厚度不足 ··· 62
3.1.2 混合料拌和不均匀 ······································ 63
3.1.3 底基层表面起皮、松散 ································ 64
3.1.4 底基层表面出现"弹簧"现象 ························ 66
3.1.5 石灰、粉煤灰掺加量不足 ····························· 67
3.1.6 板体性不好、芯样强度偏低 ·························· 67
3.1.7 底基层表面"放炮"现象 ······························ 68
3.2 沥青路面施工 ··· 68
3.2.1 沥青路面面层离析、平整度、车辙 ················· 68
3.2.2 沥青面层上的油斑和污染 ····························· 71
3.2.3 沥青面层横纵向裂缝 ··································· 72
3.2.4 沥青面层空隙和混合料油石比不合格 ············· 73
3.2.5 沥青面层压实厚度不均匀或不合格 ················ 75
3.2.6 沥青面层施工中集料堆放不规范 ··················· 77
3.2.7 沥青混合料过程中的问题 ····························· 79
3.2.8 沥青路面坑槽和压实度不合格、渗水系数超出要求 ········· 82
3.2.9 沥青上面层抗滑性能不符合要求、路面松散掉渣 ············ 85
3.3 热拌沥青混合料面层 ·· 87
3.3.1 热拌沥青混合料 ··· 87
3.3.2 热拌沥青混合料路面车辙 ····························· 88
3.3.3 热拌沥青混合料路面拥包 ····························· 89
3.3.4 热拌沥青混合料路面横向裂缝 ······················· 90
3.3.5 热拌沥青混合料路面纵向裂缝 ······················· 91
3.3.6 热拌沥青混合料路面网状裂缝 ······················· 92
3.4 水泥混凝土面层施工 ·· 93

3.4.1 胀缝处破损、拱起、错台 ··· 93
3.4.2 混凝土板块裂缝 ··· 95
3.4.3 纵横缝不顺直 ·· 96
3.4.4 相邻板间高差过大 ··· 97
3.4.5 板面起砂、脱皮、露骨或有孔洞 ································ 98
3.4.6 板面平整度差 ·· 99
3.4.7 混凝土板面出现死坑 ··· 100
3.4.8 和易性不足 ··· 101
3.4.9 水泥混凝土断板 ··· 102

第4章 桥梁工程施工常见问题及应对措施 ······························· 103
4.1 桥梁基础工程 ··· 103
4.1.1 蜂窝、麻面、露筋 ·· 103
4.1.2 孔洞、裂缝 ··· 106
4.1.3 夹层、云斑、砂线 ·· 108
4.1.4 破损、缺棱掉角 ··· 110
4.1.5 边坡塌方、基坑积水 ··· 112
4.1.6 表面不平整、混凝土强度偏低 ··································· 113
4.1.7 地基不均匀沉降、基础位置尺寸偏差 ·························· 115
4.2 桥梁下部结构工程 ··· 117
4.2.1 断桩 ·· 117
4.2.2 漏浆 ·· 118
4.2.3 灌注桩偏位 ··· 119
4.2.4 钢筋笼上浮 ··· 120
4.2.5 桩顶高程偏低 ·· 121
4.2.6 糊钻、埋钻、卡钻 ·· 122
4.2.7 偏孔、弯曲 ··· 123
4.2.8 立柱与桩基连接偏位 ··· 123
4.3 桥梁上部结构工程 ··· 124
4.3.1 梁、板预制与浇筑 ·· 124
4.3.2 预应力施工 ··· 134
4.3.3 梁板安装 ·· 140
4.4 桥梁附属工程 ·· 142
4.4.1 桥头跳车 ·· 142

4.4.2 混凝土漏水 ... 143
4.4.3 防撞护栏线性不顺、预埋件位置不准 ... 144

第5章 隧道工程施工常见问题及应对措施 ... 145

5.1 洞口与明洞工程 ... 145
5.1.1 滑坡 ... 145
5.1.2 洞口坍塌 ... 146
5.1.3 洞口出现偏压 ... 147
5.1.4 洞口出现泥石流 ... 149
5.1.5 明洞衬砌开裂和错位 ... 149
5.1.6 洞口与明洞工程的相关规定 ... 150

5.2 洞身开挖工程 ... 151
5.2.1 洞身坍方及冒顶 ... 151
5.2.2 隧道爆破开挖效果差 ... 152
5.2.3 开挖通风防尘不畅 ... 154
5.2.4 喷射混凝土质量问题 ... 156
5.2.5 侧壁导坑法侧壁布置及工序不合理 ... 158

5.3 初期支护与辅助工程 ... 160
5.3.1 锚杆支护质量差 ... 160
5.3.2 衬砌混凝土开裂及拱顶下沉 ... 163
5.3.3 初支拱架常见的问题 ... 165
5.3.4 初喷工序缺失 ... 167
5.3.5 钢支撑制作安装不规范 ... 168

5.4 仰拱与铺底 ... 172
5.4.1 仰拱开挖不规范 ... 172
5.4.2 隧道铺底地面开裂 ... 173

5.5 防水与排水 ... 175
5.5.1 洞内积水 ... 175
5.5.2 衬砌环向隧道渗漏水 ... 176
5.5.3 防水板铺设过程中损坏 ... 179
5.5.4 排水管安装不规范 ... 182

5.6 二次衬砌 ... 184
5.6.1 二次衬砌时混凝土产生裂缝 ... 184
5.6.2 二次衬砌时隧道拱顶脱空 ... 186

5.7 隧道路面 ·· 187
    5.7.1 隧道路面处理不当 ·· 187
    5.7.2 隧道路面出现破损 ·· 188

第6章 交通工程施工常见问题及应对措施 ·· 190
6.1 交通安全设施 ·· 190
    6.1.1 波形梁钢护栏 ·· 190
    6.1.2 混凝土防撞护栏 ··· 192
    6.1.3 隔离栅 ·· 194
    6.1.4 交通标志 ··· 196
    6.1.5 路面标线 ··· 198
    6.1.6 防眩板 ·· 201
6.2 监控和照明系统 ··· 202
    6.2.1 监控系统 ··· 202
    6.2.2 照明系统 ··· 205

第7章 资料管理及实验室管理 ·· 208
7.1 资料管理 ··· 208
    7.1.1 资料管理制度不健全 ··· 208
    7.1.2 资料管理混乱 ·· 208
    7.1.3 中间检验资料常见问题 ·· 209
    7.1.4 试验资料常见问题 ·· 209
7.2 实验室管理 ·· 210

参考文献 ·· 212

第1章 公路工程施工准备

1.1 一般规定

公路工程施工是一项复杂的技术、经济活动，具有流动性强、协作性高、周期长、受外界干扰影响大等特点，同时涉及众多的主体和多变的自然因素，会受到物质、技术条件的制约。因此，如何根据公路施工的特点，加强施工现场管理，将施工各要素进行合理安排，在一定的时间和空间内有组织、有计划、有秩序地开展施工，实现工程项目快速、优质、低耗地进行，已成为公路建设者普遍关注的焦点。以下是针对公路工程施工准备的一般规定，见表1-1。

表1-1 公路工程施工准备的一般规定

序号	要求
1	在满足施工要求的条件下，按照各省的相关规定和要求，进行驻地和临时设施的规划、建设；应保证公路影响范围内原有道路、结构物及农田水利等设施的使用功能
2	应做好设计技术交底。在全面理解设计要求的基础上，由建设单位组织设计、监理、施工单位和沿线的地方政府，进行现场调查和核对，使施工沿线涉及生产、生活的有关功能设施的设计更贴近实际，对存在的问题及时进行处理
3	开工前必须建立健全质量、安全、环保管理体系和质量检测体系，并对各类施工人员进行技术、安全交底和岗前培训；特殊工种人员应进行岗前培训、考核，持证上岗。施工单位应对各类施工班组、施工人员进行岗前培训和技术、安全培训，重点对电焊工、模板工、钢筋工等特殊工种进行岗前考核，持证上岗
4	依据施工沿线既有的给水排水系统，结合施工组织设计的临时排水系统，因地制宜、合理结合、补充完善给水排水总体设计，保证水系畅通
5	现场调查后，施工单位应根据设计、合同和现场的实际情况，编制施工组织设计。施工组织设计经总监理工程师审批后方可实施
6	分部或分项工程开工应提前14d上报开工报告。其内容包括：按合同工期完成的施工进度计划，GPM网络图/条形图；详细施工方法、顺序、时间；材料、设备、人员进场计划，资源的安排；资金计划；项目管理组织设置及人员分工；施工安排和方法总说明；质量管理方法、工程施工措施安全体系和保证措施；廉政建设、文明施工与环境保护；施工技术、工艺方案说明及图表；其他说明事项。分部或分项工程开工报告经监理工程师审批后方可施工

(续)

序号	要求
7	在路基工程开工前,应在全面理解设计要求和设计交底的基础上,进行现场调查与核对。根据设计文件、施工合同要求和现场实际情况,编制实施性施工组织设计,按规定程序进行报批
8	施工单位进场后,应配合建设单位组织设计单位、监理单位和沿线的地方政府,对涉及沿线厂矿企业,村组通行及农业生产的跨线桥、通道、涵洞等进行核查;并核查排水系统设计是否完善、合理,以及排水结构物的基础高程和走向,使全线的构造物满足功能要求,确保工程完工后不影响工程沿线地区的生产、生活
9	修建生活和工程用房,解决好通信、电力、水的供应,修建工程所需的临时便道、便桥、预制场地、拌和站等,确保施工设备、材料、生活用品的供应,满足正常施工需要,并能够确保原有道路、结构物及农田水利等设施的使用功能

施工过程中,施工原始记录与施工工序必须同步,工程现场验收与施工资料签认同步,对隐蔽工程必须保留相关音像资料。各分项工程开工前,工程施工所需的各种材料,机械设备、人员应到位;应完成首件工程或试验段总结;施工方案和开工报告应按规定完成批复。路基施工应做好临时排水总体设计。临时排水应与永久性排水设施相结合,与自然排水系统相协调。还要做好现场取、弃土场的位置选择。同时,绿化工程应做到"三同步":与路基工程同步准备,与路基边坡防护工程同步实施,与路基工程同步完成。

1.2 测量放线

1.2.1 测量放线的要求

1. 基本要求

①施工单位应在工程开工前将现场调查和核对结果,在接管工地 14d 之内通知监理工程师;根据监理工程师提供的测设资料和测量标志,在 28d 内将复测结果提交监理工程师。

②对有异议的导线点,施工单位应及时报告监理工程师,由监理工程师确认最终解决办法;对有异议的水准点,施工单位应向监理工程师提交一份列有勘误的高程修正表,由监理工程师核定正确高程。

③施工单位应将施工中所有控制桩以及监理工程师认为对放样和检验有用的标志桩进行加固并保护,树立易于识别的标志。

④施工过程中，应保护好所有控制桩，并及时恢复被破坏的桩。

⑤控制点每半年至少应复测一次；季节性冻融地区在冻融后也应进行一次复测。

2. 复测要求

①对设计单位提交的导线起终点、水准点，应与国家大地点（三角点、导线点）联测，相邻合同段应组织联测；对于所有导线点，应按照一级导线标准进行复测。

②当原有导线点、水准点不能满足施工要求时，须增设满足相应精度要求的附合导线点、水准点；对可能受施工影响的导线点、水准点，施工前应加以固定或改移，并满足其精度。

③沿路线每 500m 宜有一个水准点。在结构物附近、高填深挖、工程量集中及地形复杂地段，宜增设水准点，并应满足精度要求。

3. 放线要求

①路基开工前，应认真核对长短链情况，按照《公路勘测规范》（JTG C10—2007）及相关规范有关规定，进行全段中线放样。

②施工单位应对原地面进行复测，并于开工前 28d 内将复测结果提交监理工程师审核。

③横断面测量应逐桩施测，断面布置数量及横向测点原则上应与设计对应，施测宽度应满足路基及排水设施的需要。

④对深挖高填路段，每挖填 3~5m 或者一个边坡平台（碎落台）应复测中线、高程和宽度。位于曲线段的防护工程，放样时应加密桩位。

1.2.2 测量放线的方法

1. 平面控制测量

（1）一般规定

公路平面控制测量包括路线、桥梁、隧道及其他大型建筑物的平面控制测量等，平面控制网的布设应符合因地制宜的原则。路线平面控制网是公路平面控制测量的主控网，沿线各种工点平面控制网应联系于主控制网上，主控制网宜全线贯通，统一平差。建立平面控制网可采用全球定位系统（GIS）测量、三角测量、三边测和导线测量等方法。平面控制测量的等级，当采用三角测量、三边测量时依次为二等、三等、四等和一级、二级小三角；当采用导线测量时依次为三等、四等和一级、二级导线。各级公路、桥梁、隧道及其他建筑物的平面控制测量等级应符合相关规定，见表1-2。

表1-2 平面控制测量等级

等级	公路路线控制测量	桥梁桥位控制测量	隧道洞外控制测量
二等三角、一级GPS	—	>5000m 特大桥	>6000m 特长隧道
三等三角、三等导线、二级GPS	—	2000~5000m 特大桥	4000~6000m 特长隧道
四等三角、四等导线、三级GPS	—	1000~2000m 特大桥	2000~4000m 特长隧道
一级小三角、一级导线、四级GPS	高速公路、一级公路	500~1000m 特大桥	1000~2000m 中长隧道
二级小三角、二级导线	二级及以下公路	<500m 大中桥	<1000m 隧道
三级导线	三级及以下公路	—	—

（2）公路工程平面控制测量桩的断面规格

公路工程平面控制测量桩的断面规格见表1-3。

表1-3 平面控制测量桩

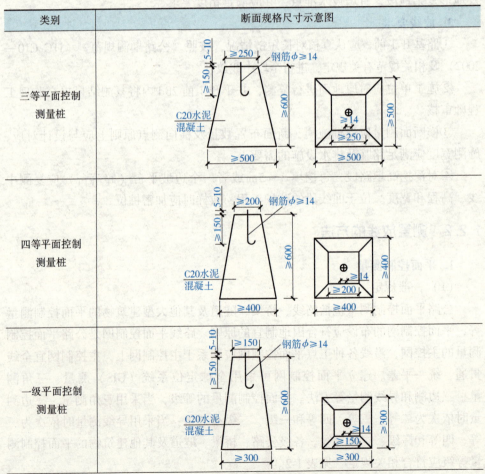

4

(续)

类别	断面规格尺寸示意图
二级平面控制测量桩	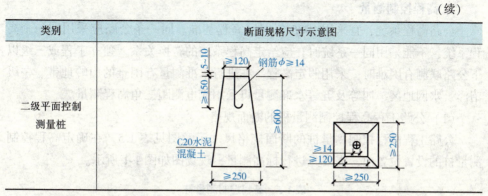

(3) 平面控制测量的相关技术要求

平面控制测量的相关技术要求见表1-4。

表1-4 平面控制测量的相关技术要求

项目	技术要求
三角测量的技术要求	三角测量各等级控制网应布设为近似等边三角形的网,三角形内角一般不小于30°,受限时也不应小于25°。加密网可采用插点的方法:交会插点点位应在高等三角形的中心附近,同一插点各方向距离之比不得超过1:3。对于单插点,三等点应有六个内外交会方向测定,其中至少有两个交会为60°~120°的外方向;四等点应有五个交会方向测定,图形欠佳时其中应有外方向。对于双插点,交会方向数应两倍于上述规定(其中包括两待定点间的对向观测方向)。一级、二级小三角可采用线形锁,线形锁近似于直伸,传距角应大于40°且小于100°,三角形的个数不得多于8个,超过8个时,应增加基线边
导线测量的技术要求	导线应尽量布设成直伸形状,相邻边长不宜相差过大。当导线平均边长较短时,应控制导线边数,当导线长度小于规定长度的1/3时,导线全长的绝对闭合差不应大于13cm;如果点位中误差要求为20cm时,不应大于52cm
GPS控制网的技术要求	根据公路及特殊桥梁、隧道等构造物的特点及不同要求,GPS控制网分为一级、二级、三级和四级共四个等级
平面控制网的设计要求	平面控制网的设计,应收集公路沿线已有的测量资料,在现场踏勘和周密调查研究的基础上进行。平面控制点位置的选定应符合下列要求: ①相邻点之间必须通视,点位能长期保存; ②便于加密扩展和寻找; ③观测视线超越(或旁离)障碍物应在1.3m以上; ④平面控制点位置应沿路线布设,距路中心的位置宜大于50m且小于300m,同时应便于测量距及地形测量和定测放线; ⑤路线平面控制点的设计,应考虑沿线桥梁、隧道等构造物布设控制网的要求。在大型构造物的两侧应分别布设一对控制点

2. 高程控制测量

公路高程系统，宜采用 1985 年国家高程基准。同一条公路应采用同一个高程系统，不能采用同一系统时，应给定高程系统的转换关系。独立工程或三级以下公路联测有困难时，采用假定高程。在进行水准测量有困难的山岭地带、一级沼泽、水网地区、四等及五等水准测量可采用光电测距三角高程测量。

（1）公路工程高程控制测量桩的断面规格

公路工程高程控制测量桩的断面规格尺寸示意图见表 1-5。在确定高程控制测量桩的设置位置前，需要先进行标高测量，现场图如图 1-1 所示。

表 1-5 高程控制测量桩

类别	断面规格尺寸示意图
三等平面控制测量桩	
四等平面控制测量桩	

图 1-1 确定高程控制测量桩的位置

(2）公路水准测量等级

各级公路及构造物的水准测量等级的规定见表 1-6。

表 1-6　各级公路及构造物水准测量等级

测量项目	等级	水准路线最大长度/m
4000m 以上特长隧道、2000m 以上特大桥	三等	50
高速公路、一级公路、1000～2000m 特大桥、2000～4000m 特长隧道	四等	16
二级及二级以下公路、1000m 以下桥梁、2000m 以下隧道	五等	10

（3）水准测量的观测方法

水准测量观测方法的规定见表 1-7。

表 1-7　水准测量的观测方法

等级	仪器类型	水准尺类型	观测方法	观测顺序
三等	DS_1	因瓦	光学观测法	往	后—前—前—后
	DS_3	双面	中丝读数法	往返	后—前—前—后
四等	DS_3	双面	中丝读数法	往返、往	后—后—前—前
五等	DS_3	单面	中丝读数法	往返、往	后—前

（4）水准点的布设

水准路线应沿公路路线布设，水准点宜设于公路中心线两侧 50～300m 范围内，水准点间距宜为 1～1.5km；山岭重丘区可根据需要适当加密；大桥、隧道口及其他大型构造物两端，应增设水准点。水准点是不能随意被人改动的，如图 1-2 所示。

（5）光电测距三角高程

①光电测距三角高程测量应采用高一

图 1-2　水准点实物图

级的水准测量联测一定数量的控制点，作为三角高程测量的起闭依据。

②光电测距三角高程测量，视距长度不得超过相应等级水准路线的最大长度。

③对向观测宜在较短时间内进行，计算时应考虑地球曲率和大地折光差的影响。

④仪器高度、反射镜高度或站牌高度，应在观测前后量测；对于四等测量应采用量杆量测；五等取值精度至 1mm，当较差不大于 4mm 时，取平均值。

(6) 跨河水准测量

当水准路线跨越江河（或湖塘、宽沟、洼地、山沟等），视线长度在200m以内时，可用一般观测方法进行。但在测站上应变换一次仪器高度，观测两次，两次结果之差应不超过7mm，取两次结果的中数。若视线长度超过200m时，应根据跨河宽度和仪器设备等情况，选用相应等级的光电测距三角高程测量或跨河水准测量方法进行观测。当水准路线通过宽度是各级水准测量的标准长度两倍以上，且跨越河流等障碍物或公路大中桥桥位两岸水准点布设时，应按跨河水准测量进行。当公路大中桥桥位两岸水准点布设时，其跨越宽度小于300m时，可以用跨河普通水准测量，如图1-3所示。三等、四等水准测量时，且跨越宽度在300m以内，五等水准测量，跨越宽度在500m以内，且能直接照准水准尺读数时，就可以采用跨河精密水准测量，如图1-4所示。

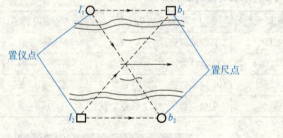

图1-3　跨河普通水准测量

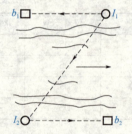

图1-4　跨河精密水准测量

3. 地形测量

地形图的图式应符合国家测绘局制定的规定，对其未规定符号的地物、地貌，可另作补充规定，但应在技术总结中注明，地形类别的划分见表1-8。地形图的测量可选用大平板仪测绘法、经纬仪小平板联测法、电子测速仪机助成图法、航空摄影测量法、GPS实时动态差分定位（RTK）及其他符合规范测量精度要求的方法。经纬仪测绘法示意图如图1-5所示，经纬仪小平板联测法的示意图如图1-6所示。地形图原图宜选用厚度为0.07~0.10mm，热处理后伸缩率小于0.04%的聚酯薄膜。图廓格网线绘制和控制点的展绘误差不应大于0.2mm。图廓格网的对角线、图根点间的长度误差，不应大于0.3mm。地形图的分幅应沿公路走向自由分幅，图幅采用正方形或矩形，基本规格为500mm×500mm或500mm×400mm。

表1-8　地形类别的划分

地形类别	平原	微丘	重丘	山岭
地面坡度（°）	<2	2~6	6~25	>25
地面高差/m	<20	20~80	80~200	>200

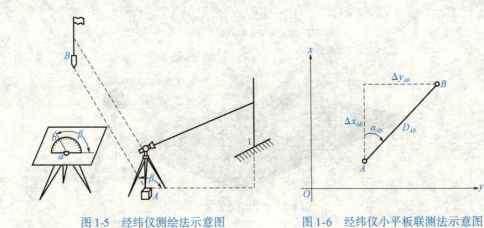

图 1-5　经纬仪测绘法示意图　　图 1-6　经纬仪小平板联测法示意图

(1) 图根平面控制测量

图根平面控制测量应采用图根三角、图根导线、光电测距仪极坐标或交会点等方法。条件受限制时，可布设支导线。图根点的精度，应不大于所测比例尺图上 0.1mm，高程中误差应不大于预测图基本等高距的 1/10。图根三角形的边长应不超过测图最大视距的 1.7 倍，传距角不应小于 25°，线形锁三角形个数应不超过 13 个，且应布设检查边，其较差的相对误差应不大于 1/500。用重合点检查时，其点位较差应不大于图上 0.2mm。图根三角形测量的水平角，采用方向观测法。

(2) 地形测图

实测地形图可选用测绘法、测记法等方法。地形图上高程注记点应均匀分布，丘陵、山顶、鞍部、山脊、山脚、谷底、谷口、沟底、沟口、凹地、河川湖池岸旁、水涯线上及其他地面倾斜变化处，均应测高程注记点。地形图应标示居民地、独立地物、管线及境界、公路、水系、植被等各项地物、地貌要素以及各类控制点、地理名称等，并突出公路规划、设计、建设、管理等各项有关要素。

(3) 航空摄影测量

摄影测量方式有很多种，如近景、低空、航空、航天，如图 1-7 所示，可根据工程需要选择摄影测量方式。公路工程一般都选择低空摄影测量或航空摄影测量。公路航空摄影应尽量选用性能先进的航摄仪。结合摄区的地形情况和成图精度要求，合理选择镜头焦距。公路航空摄影宜选用黑白全色软片；当有特殊要求时，可选用彩色或红外软片。航摄比例尺的选择应以公路各测设阶段所用地形图的比例尺及相应精度要求为依据，结合摄区的地形条件、成图方法及所用仪器的性能诸因素综合确定。公路航空摄影是以路线走向为导向，连续布设若干个首尾

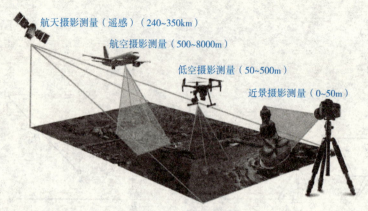

图 1-7 摄影测量方式

相接的航摄分区覆盖全部路线方案走廊的带状摄影。各航摄分区的设置宜首选单航带摄影；当路线弯曲过大或遇到需要加大摄影宽度的地段（如大桥、特大桥、大型互通式立交、多方案密集分布等）时，可布设多航带摄影。航摄测量完，也要进行航摄测量绘制，航摄比例尺的一般规定见表1-9。

表 1-9 航摄比例尺

成图比例尺	航摄比例尺	成图比例尺	航摄比例尺
1:500	1:2000～1:3000	1:2000	1:8000～1:12000
1:1000	1:4000～1:6000	1:5000	1:20000～1:30000

4. 路线定线

在地形测量之后，应进行纸上定线；受条件限制或地形、方案较简单也可采用现场定线。路线定线应正确掌握和运用技术标准，定线工作应做好总体布局，根据各类地形特点，结合人工构造物的布设，进行路线平、纵、横面的协调布置，确定合理的线位。对地形、地质、水文条件复杂，工程艰巨的路段，需拟定比较方案，进行反复推敲比较后确定采用方案。

（1）纸上定线

纸上定线施工技术要点见表1-10。

表 1-10 纸上定线施工技术要点

项目	施工技术要点
纸上定线	①应将有特殊要求或控制的地点，必须避绕的建筑物或地质不良地带、地下建筑或管线等标注于地形图上。 ②山岭地区的越岭路线，需进行纵坡控制的地段应在地形图上进行放坡，将放坡点标示于图上。

(续)

项目	施工技术要点
纸上定线	③在地形图上选定路线曲线与直线位置定出交点，计算坐标和偏角，拟定平曲线要素计算路线连续里程。 ④沿路线中线按一定桩距从图上判读其高程，点绘纵断面图。河堤、铁路、立体交叉等需要重点控制的地段或地点，应实测高程点绘纵断面图，并据以进行纵坡设计。 ⑤应根据路线中线线位，在地形图上测绘控制性横断面，并按纵坡设计的填挖高度进行横断面设计，作为中线横线检验和计算路基土石方数量的依据。 ⑥依据纸上定线的线位及实地调查资料，初步确定人工构造物的位置、交角、类型与尺寸。 ⑦综合检查路线线形设计有关构造物的配合情况，如有不合理的情况，应对纸上定线线位及纵坡进一步修改优化，达到满意为止。线形设计可采用透视图法检验平、纵、横组合情况。 ⑧纸上定线后，应进行实地查看，对高填深挖地段、大型桥梁、隧道、立体交叉以及需要特殊控制的地段，应进行实地放线检验、核对，并作为各专业工程勘测调查的依据。 ⑨所确定的线位应总体配合恰当，技术经济合理，线形连续顺适。对需进行比较的方案，应按上述步骤方法定出线位，计算工程量，进行技术经济比较

（2）现场定线

现场定线施工技术要点见表1-11。

表1-11 现场定线施工技术要点

项目	施工技术要点
现场定线	①现场踏勘前应在1/50000地形图上对路线进行总体布置，拟定主要技术指标，确定控制点、绕避点，选择路线合适的通过最佳位置。 ②越岭路线或受纵坡控制的路段，应选择好山坡坡面进行放坡试线，然后确定展线方式并重新分段安排纵坡，即可开始布线。 ③根据各种地形的定线要点及控制点进行布线和穿线定点，钉设交点、转点和选定半径。 ④测定交角，进行中桩、水准、横断面和地形等测量。 ⑤通过内业工作，对路线进行平、纵、横综合检查，确定线位

5. 路线放线

根据施工标段内已经完成的路线定线，进行施工现场的路线放线，如图1-8所示。在放线前需检查初步设计阶段设置的测量控制点，如有丢失不能满足放线要求时，应增设或补设。应对原有测量控制点进行检测，其成果与初测成果的较差在限差以内时，采用原成果作为放线的依据；超出限差时，应予重测。对新增或补设的测量控制点，应予联测。根据批复的初步设计方案，结合现场地形、地物条件进一步优化、调整和完善线形、线位及构造物位置，确定定测路线，采用拨角法、支距法、直接定交点法等方法放线时，中线一般每隔5km，特殊情况不远于10km，应与初测控制点联测，其闭合差不能超过规定。中线闭合差的规定见表1-12。根据测量控制点和纸上定线计算成果，可采用极坐标法、拨角法、支距法、直接定交点法放线。高速公路、一级公路应采用极坐标法放线；二级、三级、四级公路可采用拨角法、支距法或直接定交点法放线。

进行现场施工放线前，现场需按放线高度摊铺素土，并大致整平

图1-8 路线放线现场图

表1-12 中线闭合差

名称	高速公路、一级公路	二级及二级以下公路
水平角闭合差	$\pm 30\sqrt{n}$	$\pm 60\sqrt{n}$
长度相对闭合差	1/2000	1/1000

6. 中桩测量

可采用极坐标法和链距法进行中桩测量，当条件受限制时也可配合基线法、交会法测定路线中桩。中桩间距的规定见表1-13。高速公路、一级公路应采用极坐标法，二级、三级、四级公路宜采用极坐标法，当条件受限制时，方可采用链距法。链距法宜采用经纬仪对方向，钢卷尺或竹尺量距。平曲线上中桩，宜采用极坐标法、支距法和偏角法敷设。采用支距法或偏角法时，当圆曲线长度大于500m时宜用辅助切线或增设控制桩分段测定。

表1-13 中桩间距 （单位：m）

直线		曲线			
平原微丘区	山岭重丘区	不设超高曲线	$R>60$	$30<R<60$	$R<30$
≤50	≤25	25	20	10	5

7. 横断面测量

高速公路、一级公路横断面测量应用水准仪—皮尺法、横断面仪法、全站仪法或经纬仪视距法；二级及二级以下公路横断面测量可采用手水准皮尺法；横断面测量应逐桩施测,其方向应与路线中线垂直,曲线路段与测点的切线垂直;横断面中的高程、距离的读数取位至 0.1m。横断面施测宽度应满足路基及排水设计需要;横断面测量应反映地形、地物、地质的变化,并标注相关水位、建筑物、土石分界等位置;高速公路、一级公路的分离式路基和二级、三级、四级公路的回头弯路段,应测出连通上、下路线横断面,并标注相关关系;横断面应在现场点绘成图并即时核对;采用测记法室内点绘时,必须进行现场核对。

1.3 场地清理

承包人应在施工前确定现场工作界线,并保护所有规定保留和监理工程师指定的要保留的植物及构造物。场地清理拆除及回填压实后,承包人应重测地面标高,并将填挖断面和土石方调配图提交监理工程师审核。清理及拆除工作完成后,应由监理工程师进行现场检查验收,验收合格后才能进行下一工序的施工,如图 1-9 所示。场地清理具体的要求见表 1-14。

正在用机械进行施工场地的垃圾清理,包括有机物残渣及含有草皮、农作物根系的表土也予以清除

图 1-9　公路工程施工场地清理现场图

表 1-14　场地清理要求

项目	内容
基本要求	①施工单位应按设计文件进行用地界桩放样,确定路基施工界线,保护监理工程师指定所要保留的构造物。 ②在原地表未被扰动之前,施工单位应重测地面高程及横断面,将与设计文件不符的填挖方断面及土石方调配方案提交监理工程师审核。 ③施工单位应按工程量大小,合理划分施工段落;清理和拆除工作完成后,应报请监理工程师验收

(续)

项目	内容
地表清理	①路基用地范围内的树木、灌木丛等，应在清表前砍伐或移植；砍伐的树木应堆放在路基用地之外，并妥善处理。 ②路基用地范围内的垃圾、有机物残渣及农作物根系，应予以清除；原地表以下至少 30cm 的草皮、表土，应予以清除并有序集中堆放，以供土地复耕和绿化使用。 ③路基范围内的坑穴，应填平夯实，并进行填前碾压，达到规定的压实度要求
拆除与挖掘	①路基用地范围内的旧桥梁、旧涵洞、旧路面等结构物等应予以拆除；正在使用的道路设施及构造物，应对其正常使用做出妥善安排后，方可拆除，如图 1-10 所示。 ②原有结构物的地下部分，其挖除深度和范围应符合设计文件或监理工程师要求。拆除原有结构物或障碍物需要进行爆破或其他作业有可能损伤新结构物时，应在新建工程动工之前完成。 ③对所有指定为可利用的材料，应有序堆置于指定区域。对废弃材料，施工单位应按监理工程师指示妥善处理。对于因拆除施工造成的坑穴，必须回填并夯实，并达到规定的压实度

某工程正在进行旧桥梁的拆除，为了不影响正常使用，在旧桥梁旁边还留有正常的行驶道路

图 1-10 旧桥梁的拆除

第2章 路基施工常见问题及应对措施

2.1 一般路基施工

2.1.1 原地面压实后出现"弹簧"现象

1. 表现形式

原地面耕植土清除不彻底或处理深度不够；原地面压实后表面有松软或"弹簧"现象，如图2-1所示。

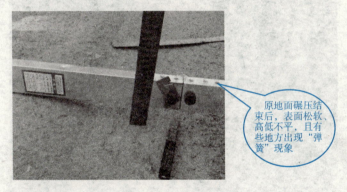

原地面碾压结束后，表面松软、高低不平，且有些地方出现"弹簧"现象

图2-1 "弹簧"现象现场图

2. 形成原因与应对措施

"弹簧"现象的形成原因与应对措施见表2-1。

表2-1 "弹簧"现象的形成原因与应对措施

项目	内容
形成原因	①原地表含水率大或含水率不均匀。 ②原地面土中含有较多杂物。 ③未开挖临时边沟，或临时边沟开挖过浅。 ④原地面下有暗塘、暗沟。 ⑤原地面水位偏高或两侧排水沟开挖太浅，土中含水率大

(续)

项目	内容
应对措施	①清表时应彻底清除有机土或种植土。 ②清表后应保证土层翻耕深度，并充分粉碎。 ③在最佳含水率时选择适宜的压实机具进行碾压。 ④对暗塘、暗沟进行局部集中处理。 ⑤加深开挖两侧排水沟，确保路基范围内的水能顺利排出

2.1.2 路基沉陷

1. 表现形式

路基（涉及连同路面）近似于垂直状态的下沉，被称作路基沉陷，如图2-2所示。

图2-2 路基沉陷现场图

2. 形成原因

路基沉陷的成因是多方面的，主要成因见表2-2。

表2-2 路基沉陷主要成因

项目	内容
水损坏	同翻浆一样，水损坏是路基沉陷最主要的原因之一。水的浸入使土体填料强度降低，抗剪能力减弱，在沉降体周边形成薄弱面而沉陷。这类沉陷在黄土地区多有发生，表现出明显的水浸湿附加下沉（湿陷）特性。水损坏有地下水（裂隙水、空隙水、渗水）的长期作用，也有如暴雨、地下水管爆裂之类的临时性浸入。前者沉陷形成速度缓慢，后者则具有突发性

（续）

项目	内容
路堤压实不足、填挖边界处理不当	路堤压实不足、填挖边界处理不当是沉陷产生的又一原因。这类沉陷在地方道路多有发生。填挖边界是路基施工中的重要部位。除了填方压实度必须满足设计要求外，填挖边界的处理是否得当也相当紧要。现行路基施工技术规范规定，搭接台阶宽度不小于2m，较原规范严格而实用。填挖边界还要采用各种工程措施消除压实盲区，消除工后压缩沉降。如果工程措施不得力或有所疏漏，则可能造成填挖边界产生沉降
湿软地未经彻底处理而填筑路基	湿软地未经彻底处理而填筑路基，则可能产生较大的工后沉降或局部沉陷。盐渍土、沼泽、稻田地常常因施工中未彻底处置而发生沉陷
构造物附近的填土刚柔过渡处理不当	构造物附近的填土因刚柔过渡处理不当或不彻底而产生较大的工后沉降。这类沉降常有发生，而且在所难免。只有刚柔过渡处理得当时产生的沉降才能不影响行车或行车舒适性。桥涵台背和挡土墙背（俗称"三背"）是经常发生沉降的部位
V(U)形沟槽填方沿土石界面滑移	V(U)形沟槽填方沿土石界面滑移而致路基滑移沉陷。这类沉陷的发生与水（降水浸入或山体渗水）关系极大，水的浸入成为滑移沉陷的润滑剂
其他成因	基底未被发现的墓穴、窑洞等导致工后沉陷。在城市附近，也有早期修建防空洞地段和地下管线沟槽失稳而发生沉陷的现象发生

3. 应对措施

路基沉陷的处置有两种对策：返修或补强修复。路基沉陷时常伴随水损坏处置，带有综合处置的性质。

（1）返修

返修适用于小面积非水损坏造成的沉陷处理。这类沉陷，宜将沉陷路段挖除至干燥、密实度较高（92%及以上）的层位，分层夯实（压实）至路基顶面再修筑路面。采用压路机压实时，压实度应不小于同类公路等级的路床压实度；边角部位采用小型机具压实时，压实度不应小于92%。

（2）加固桩复合地基处理

这是补强修复的主要方法，但是修复费用较高。

1）采用干拌碎石桩复合地基

干拌碎石桩是复合地基的一种，主要应用于软弱地基沉陷处置，具有排水固结作用，如图2-3所示。干拌碎石桩施工有专用设备，分振动法和锤击法两种成孔成桩形式。振动法施工工艺流程如下，锤击法施工与其相仿，不予赘述。

测量定位→桩机就位→复测桩位→开始振动沉管→边沉管、边灌碎石至设计深度→边拔管、边振动、边继续灌碎石→振动沉管→灌碎石→边拔管、边振动、边继续灌碎石→振动拔管→成桩。碎石桩桩径一般为60~70cm。桩间距一般为100cm，按三角形或梅花形排列，桩长按持力层深度等状况确定，一般宜穿透持力层≥1m。碎石桩材料可采用碎石或砾石，粒径2~5cm，含泥量≤5%。碎石（砾石）中可参加20%的中粗砂，但桩顶必须采用2~5cm碎石（砾石）。

图2-3 干拌碎石桩

2）采用干拌水泥碎石桩复合地基

干拌水泥碎石桩是在碎石桩的基础上，加进一些砂及水泥混合拌制而成的一种吸水后具有一定粘结强度的低强度桩。它具有置换挤密、吸收水分和加筋作用，是一种施工方便、应用较为广泛的复合地基。

这种方法也适用于含水率较多地段的地基处理。桩孔位按梅花形布置，桩距一般为1.0m，排距0.87m；桩径（成桩后）22cm。

干拌水泥碎石桩有专门的施工设备，碎石桩采用振动沉管成孔的方法，桩长根据相应软土深度确定，确保桩端穿过软土层。与干拌碎石桩成孔成桩工艺相似，对原材料的要求除碎石外，尚需要加入占集料质量5%的水泥，也可以掺加占集料总量约20%的中粗砂。

3）采用灰土（石灰）挤密桩复合地基

灰土挤密桩是石灰土桩复合地基，如图2-4所示为灰土挤密桩。它可以利用沉管、冲击或爆扩等方法在地基中挤土成孔，也可以采用"洛阳铲"成孔，然后向孔内夯填灰土成桩。成桩时，通过成孔过程中的横向挤压作用，桩孔内的土被挤向周围，使桩间土得以挤密，然后将备好的灰土分层填入桩孔内，并分层捣实至设计高程。灰土挤密桩与桩间土组成复合地基，共同承受基础的上部荷载。

灰土挤密桩适用于处理地下水位以

图2-4 灰土挤密桩

上的湿陷性黄土、素填土和杂填土等地基。灰土挤密桩复合地基能提高承载能力，在湿陷性黄土地区用于消除黄土湿陷、提高地基承载力。当地基土的含水率大于24%、饱和度超过65%时，由于无法挤密成孔，故不宜选用上述方法。

灰土挤密桩桩孔直径宜为300~450mm，桩孔之间的中心距离可为桩孔直径的2.0~2.5倍。灰土挤密桩处理地基的深度，应根据建筑场地的土质情况、工程要求和成孔及夯实设备等综合因素确定。对湿陷性黄土地基，应符合国家标准《湿陷性黄土地区建筑标准》（GB 50025—2018）的有关规定。桩体的压实度不应小于0.96。消石灰与土的体积配合比宜为2:8或3:7。也可以采用质量比，按内掺法的配合比宜为12:88~15:85。

对过湿地段，采用石灰挤密桩工程效果更好。这种方法早在建筑行业应用。采用石灰挤密桩，就是将填料由灰土变更为石灰（生石灰）。其具有以下几个优点：生石灰吸收周边土体水分，土体承载力提高；生石灰消解体积扩大，对周边土体产生挤密作用；周边土体钙化，承载力增加。采用石灰挤密桩，有时可以使地面隆起，承载力显著增加。

石灰挤密桩的填料采用生石灰，生石灰的最大粒径不得大于5cm，以生石灰粉为佳。为密实计，采用生石灰块时，可掺加中粗砂。石灰挤密桩的桩径（洛阳铲成孔）不应小于15cm，桩间距宜为桩径的2.5~3倍。

灰土（石灰）挤密桩不能用于有补给水地段。因为石灰受水长期浸泡而成为石灰膏，承载力下降。

在某些地区，尚有采用土桩加固地基的，但因节省费用有限而过程效果不如灰土挤密桩和石灰挤密桩，故应用范围有限。其施工工艺与灰土挤密桩完全相同，故不再赘述。

(3) V（U）形沟槽填方路基沉陷处置

V（U）形沟槽填方路基沉陷处置应综合进行，通常采用以下几个方法：

1）采用土工合成材料盲沟或渗沟排除山体渗水

这是处置存在山体渗水沉陷的前提和先决条件。它适用于宽度（路线纵向）超过30m的沟槽。渗沟适用于宽度（路线纵向）较窄的沟槽。渗沟要易于收水、排水。渗沟可采用片石填充，忌小颗粒碎石进入。这是因为小颗粒材料易阻滞、集泥、堵塞渗沟。如图2-5所示为正在施工的U形沟槽。

2）挖除湿软填料，回填合格填料

V（U）形沟槽若有水渗入，会导致填料湿软，强度降低。因此，应挖除后置换填料。回填的填料以颗粒材料如碎石、砂砾、砂砾土为最佳。这是因为即使进行了防止山体渗水处理，路基中仍可能存在残留水分；若防止措施失效，也可因水而祸及路基。此类透水性强的材料强度高，受水浸湿强度损失小，有利于防患。为节约费用，路床应采用砂砾类颗粒材料填筑，进行路基补强和隔离毛细水。

（4）注浆法与旋喷桩处置沉陷

这两种处置方法不需要开挖地基的沉陷，无建筑垃圾，利于环保，且基本保证正常通车，在高速公路中经常应用。

1）注浆法

①注浆法是通过钻孔和利用注浆设备，运用液压、气压或电化学原理，通过注浆管将浆液分层均匀地注入地层中，浆液以填充、渗透和挤密等方式排出土颗粒间裂隙中的水分和空气，并占据土颗粒间的空间，使路基孔隙比减少，强度提高，经过一段时间水泥凝结后，浆液将原来松散的土颗粒或裂隙胶结成一个整体，形成一个强度大、防水性能高和化学稳定性好的结合体，从而达到加固路基的目的。

图2-5 U形沟槽

②注浆的机理主要有渗入性注浆、劈裂注浆和压密注浆三种。如图2-6所示为压密注浆。公路养护中常使用渗入性注浆，其压力不大，一般控制在2MPa以内；采用水泥浆液。注浆法加固台（墙）背填土是以渗入性注浆为主，利用注浆设备将配制好的水泥浆液通过注浆管注入沉陷的路基或台（墙）

图2-6 压密注浆

背填料，浆液在压力作用下渗入填土的孔隙中，与土体的土粒骨架产生固化反应，使路基或台（墙）背填土的密实度进一步提高，减少填土与台（墙）之间的刚度差，消除填土的继续沉降。

③注浆有专用设备，注浆机具的选择有纯压式注浆和循环式注浆两种。一般土体注浆吸浆量大，采用纯压式注浆即可。

④注浆材料的选定：浆液必须满足可灌性条件，因此正确地选用注浆材料是确保注浆效果的关键。土质条件是选定注浆材料的关键，其次需要考虑环境条件、注浆的目的及预期的效果等因素。

注浆材料由主剂、溶剂及各种外加剂混合而成，根据所需处理路段的工程概况和注入机理，所采用的浆材种类主要为水泥类浆液。由于纯水泥浆液的凝结时间长,易受水的冲刷和稀释,有时在水泥浆液中加入使浆液凝固时间短的速凝剂,一般加入3%(水泥质量)的水玻璃或5%~25%(水泥质量)的石灰。

⑤主要注浆施工工艺。

a. 注浆孔的布设常用方格形、梅花形和六角形。方格形的主要优点是便于补加注浆孔,在复杂的地区宜采用这种方法,而梅花形和六角形布孔的主要缺点是不便于补加注浆孔,预计注浆后不需补加孔的地基多采用这种形式。

b. 注浆施工技术要点。采用"围、挤、压"的原则,即先将注浆区围住,再在中间插孔注浆挤密,最后逐序压实,这样易于保证注浆质量。最好采用分序注浆的办法。在可能的情况下,以采用较大的压力为好。注浆以稀浆开始,采用逐步加稠的方法。

c. 注浆液的要求。初始黏度要低,流动性好,可注性强。固结后具有一定的抗压及抗拉强度,抗渗性好,抗冲刷、耐老化性能好。凝结时间可调整度大,并能准确控制。稳定性好,容易储存和运输。无毒,不污染环境,对注浆设备和管道等无腐蚀性。

d. 注浆控制。注浆的过程控制相当重要,它直接影响到注浆的质量,因此应采用注浆压力参数及注浆量双指标控制。注浆控制以注浆压力的控制为主,注浆过程中采用间歇多次注浆工艺,注浆压力逐次提高,稳定压力应在1MPa以上。注浆过程要注意边坡冒浆及边坡外撒。注浆完成后,注浆管留在路基内,可起到对路堤的加固作用。

⑥施工注意事项。

在不需要补注的情况下,注浆孔平面尽可能按梅花形均匀布设,钻孔深度可根据填土的高度及现场实际填料的密实度、压实度确定;注浆的顺序是先注边缘孔,后中间孔,同排注浆,实行跳隔(至少两孔)施工;施工边孔时,应注意观察路基或构造物的稳定。浆液选用水灰比(质量比)应为水:水泥 = 0.9:1~0.5:1,所用的水泥采用42.5R普通硅酸盐水泥;为使注浆流畅,注浆孔应至少长出注浆管25cm;注浆管与注浆孔间孔隙必须用水泥封堵,封堵长度不小于30cm,待封堵孔隙水泥终凝后才可注浆。

由于注浆技术设备简单,施工方便,在山区公路路基沉陷的病害处治中,是一种很有效的方法。施工过程中,应加强施工质量的控制与监督,确保注浆质量达到预期的效果。

2)高压旋喷桩

高压旋喷桩是把注浆管插入预定地层中,由下而上进行喷射作业。其施工基本工序主要为布孔→钻机就位→钻孔→注浆→清洗器具,如图2-7所示。

①布孔。处理孔的数量根据桩径、地质及旋喷目的等确定,施钻前先进行放

线，准备定出各孔位中心，并做出醒目标记，以便于施钻过程中寻找。

②钻机就位。根据设计所提供的桩号，将钻机就位，距孔中心最远不超过5cm。就位时机座要平稳，调平机架，立轴或转盘要与桩心对正，施工中通过观察重锤的垂直度来判断钻机是否安放水平，垂直度误差控制在1.5%以内。

③钻孔。钻机采用专用设备（如GJ-30液压钻机）成孔，用清水做冲洗液，钻孔必须达到设计孔深。

④注浆。应有专人负责浆液配比，通常采用的水灰比为0.8∶1。搅拌好的水泥浆泵送前应不停搅拌防止浆液离析，并用0.15mm筛网过滤。

图2-7　高压旋喷桩

钻孔达到设计深度后，即可用BW120/30高压泵将制好的水泥浆泵送到钻杆底部的特制喷嘴处，通过20r/min转速和不大于20cm/min的提升速度边旋转边提升的方法，使土体被切割挤压置换，最后形成一个比较完整的桩体。待水泥浆从孔口返出后，即可停止注浆。喷射注浆作业后，由于浆液析水作用，一般均有不同程度收缩，使固结体顶部出现凹穴，所以应及时用水灰比为0.6的水泥浆进行补灌，并要预防其他钻孔排出的泥土或杂物混入。

在喷射注浆过程中，应观察冒浆的情况，以及时了解土层情况、喷射注浆的大致效果和喷射参数是否合理。一般采用的单管法喷射注浆时，冒浆量若小于注浆量20%时视为正常现象；超过20%或完全不冒浆时，应查明原因并采取相应措施。若是地层中有较大空隙引起的不冒浆，可在浆液中掺加适量速凝剂或增大注浆量；如冒浆过大，可减少注浆量或加快提升和回转速度，也可缩小喷嘴直径，提高喷射压力。

⑤清洗器具。喷射完毕后，对所使用的泵、高压胶管钻杆立即用清水进行冲洗，以备再用。

旋喷桩的桩径、孔距应通过计算确定，桩长应由加固深度确定。一般情况下，取桩径500~600mm，孔距1~1.2m，桩长5~8m。具体数据应根据相关规范规定，进行复合地基承载力计算。

2.1.3　路基滑坡

1. 表现形式

按照《公路养护技术规范》（JTG H10—2009）的定义，滑坡是高陡斜坡上岩体或土体在自然或人为因素的影响下沿带或面滑动的现象，如图 2-8 所示。滑坡是路基上边坡或路基局部自上而下的滑移，具有明显的滑动界面。路基滑坡的划分类型见表 2-3。

图 2-8 路基滑坡

表 2-3 路基滑坡的划分类型

划分类型	内容
按滑坡的物质组成分	残坡积层滑坡、岩体滑坡等
按触发滑坡的诱因分	人工切坡滑坡、饱水滑坡等
按滑坡体大小分	大型滑坡、小型滑坡
按滑动形式分	牵引式滑坡和推移式滑坡。牵引式滑坡多因水浸入、滑体湿软、抗剪能力显著降低。推移式滑坡是滑动面应力未因水的浸入有明显降低，由滑体推移力推动滑体沿滑动面移动

2. 形成原因

（1）底层岩性是滑坡产生的重要地质基础

滑动面的岩性一般物理力学强度低，应力分布不匀，坡体开挖时局部强度遭到破坏，形成滑动面。坡积层是一种非匀质物质，物理力学强度相当低，其稳定依靠内部粘聚力和坡脚支撑力维系。一旦雨季土壤水饱和、粘聚力降低或切割坡脚支撑力减小，就可能产生滑坡。

（2）地质构造是产生滑坡的另一物质基础

地质构造对滑坡影响较大，褶皱轴部岩体相对于翼部更易破碎，易产生应力集中；向斜轴部裂隙水较小，坡体开挖中更易遭受破坏。岩体构造的最薄弱部位往往就是滑坡的滑坡面部位。

(3) 不合理开挖是滑坡的重要诱因

开挖坡体改变了原有坡体的平衡状态形成了有效临空面,为滑坡提供了滑坡空间。如果开挖后治理不及时,坡体内的裂隙在卸荷后松弛、张开,从而使地表水下渗,改变原地下水通道、流向、流速。地下水至坡体内软化滑带,进而降低抗剪强度,为滑坡创造了滑移的力学条件。挖方滑体解除了支撑,暴露了滑动面,滑体中的软弱土层在上覆岩体的重力作用下失稳,促成了滑坡。

(4) 水是滑坡产生的另一重要诱因和催化剂

在一定的地质环境中,滑体中渗流场与应力场通过某种方式维系着一种动态平衡关系,当其中一方发生变化时,另一方通过它们之间的联系方式自动调整以达到新的平衡。如果渗流场超常变化超过一定幅度,这个平衡系就可能破坏,从而产生滑坡灾害。

3. 应对措施

应对措施有多种选择,需要进行详细的现场调查,必要时还应该进行地质勘探,查明滑动面及其他相关资料,对症下药予以处置。近几十年来,公路的滑坡处置多有成功,各地积累了较为丰富的经验。无论采用何种技术措施与方法,其处置的基本方法不外乎采用抗滑桩、削坡减载、反压坡脚、排泄地表(地下)水、护坡及生态防护等措施,有时采用其中的几种措施作为综合治理方案。

(1) 抗滑桩

抗滑桩与一般桥梁桩基类似,但主要承担水平荷载。目前在边坡工程中常用的多为钢筋混凝土桩,这是对抗滑坡的有效方法。

1) 抗滑桩的类型

抗滑桩的划分类型见表2-4。抗滑排桩的形式如图2-9所示。

表2-4 抗滑桩的划分类型

划分类型	内容
按材质分类	分为木桩、钢桩、钢筋混凝土桩和组合桩
按成桩方法分类	分为打入桩、静压桩、就地灌注桩。就地灌注桩又分为沉管灌注桩、钻孔灌注桩两大类。常用的钻孔灌注桩又分机械钻孔和人工挖孔桩
按结构形式分类	分为单桩、排桩、群桩和有锚桩。排桩形式常见的有椅式桩墙、门式刚架桩墙、排架抗滑桩墙。有锚桩常见的有锚杆和锚索。锚杆有单锚和多锚,锚索抗滑桩多用单锚
按桩身断面形式分类	分为圆形桩、方形桩、矩形桩和工字形桩等

2) 抗滑桩设计的一般要求

①抗滑桩提供的阻滑力要使整个滑坡体具有足够的稳定性,即滑坡体的稳定

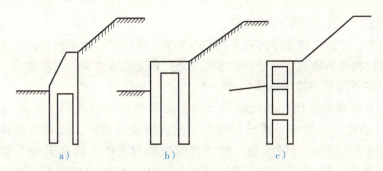

图 2-9 抗滑排桩形式
a) 椅式 b) 门式 c) 排架式

安全系数满足相应规范规定的安全系数或可靠指标,同时保证坡体不从桩顶滑出,不从桩间挤出。

②抗滑桩桩身要有足够的强度和稳定性,即桩的断面要有足够的刚度,桩的应力和变形满足规定要求。

③桩周的地基抗力和滑体的变形在容许范围内。

④抗滑桩的埋深及锚固深度、桩间距、桩结构尺寸和桩断面尺寸都比较适当,安全可靠,施工可行、方便,造价较经济。

3)抗滑桩的施工

抗滑桩施工多采用机械成孔或人工成孔,现场浇筑混凝土施工。

灌注桩是一项质量要求高,施工工序较多,并须在短时间内连续完成的地下隐蔽工程。施工应参照《公路桥涵施工技术规范》(JTG/T F50—2011)的相关要求进行。

抗滑桩治理滑坡的效果明显。如图 2-10 所示为边坡抗滑桩的施工。

(2)消除或减轻水对滑坡的危害

水是促使滑坡发生和发展的重要因素,治理滑坡要先治水。其方法有以下几种:

①截水。在滑坡体可能发展的边界 5m 外的稳定地段设置环形截水沟,以拦截和引流滑坡范围外的地表和地下水,使之不进入滑坡区。

②排水。在滑坡区内充分利用自然沟谷布置树枝状排水系统,以

图 2-10 边坡抗滑桩

排除地表水，下部布设盲沟或竖井。

③填水。用隔水性较好的黏土材料（俗称"胶泥"）填塞滑体上的裂缝或其他不透水材料堵塞截流，开辟新的水流通道，防止地表水渗入滑坡体内。

（3）削方减载与填土反压

①削方减载的适用性及优缺点。削方减载措施特别适用于上陡（重）下缓（轻）的推动式滑坡且滑坡后缘及两侧有明显的边界，或者有岩体出露而不易受到牵引变形的滑坡治理，对改善滑坡的稳定性、提高安全系数有着非常明显的效果。特别对于滑动土体厚度大于30m的厚重型滑坡，通过削方减载较易实现安全系数的提高。其缺点为：施工难度较大，工作面和工程进度较迟缓。

②填土反压的适用性及优缺点。填土反压适用于滑坡前缘有足以抵抗滑坡下滑力的有利地形，且滑坡前缘地表水水量不大的中浅层滑坡。其优点为：能较好地处置挖方废方，在地形有利时较经济；其缺点为：对地形、水系要求较严格，并要有充足的废方，有时会占用耕地和农田，反压高度有限。一般采用滑坡体后部削方减载的弃土，或者其他建筑物开挖的弃渣，如果土质较好，可利用其在滑坡前缘填土反压。

在滑坡的处治过程中，削方减载与填土反压往往是结合起来同时使用。

（4）生态防护

生态防护可采用植草和栽植根系发育的灌木和亚乔树种，固结表土，减少降水浸入。必要时，可结合框架锚索方案，在坡面网格培土植草。此种防护可以将边坡暴露在外的土体基本全部遮盖起来，防止土体风化及受雨水冲刷，起到较好的防护作用。

滑坡治理是工程建设过程中经常遇到的难题。高速公路给人们出行带来了方便、快捷，但若工程存在隐患尤其滑坡自然灾害发生，人们生命财产损失会非常大。因此，要总结分析滑坡治理技术措施，采用科学的治理方法，有效地控制滑坡病害发生，避免不必要的浪费和交通中断。

滑坡虽然发生于一瞬间，但其是由量变到质变的长期积累过程。为长远考虑，宜采用工程防护与生态防护相结合的方式进行滑坡处置与预防。生态防护的作用在于生物根系稳定滑体（特别是土质滑体），预防和减少水的渗入，以预防滑坡或增强滑坡处置功能、美化环境。

2.1.4 路基开裂

1. 路基纵向开裂甚至形成错台

如图2-11所示为路基纵向开裂示意图。

(1) 原因分析

①清表不彻底，路基基底存在软弱层或位于古河道处。

②沟、塘清淤不彻底，回填不均匀或压实度不足。

③路基压实不均。

④旧路利用路段，新旧路基结合部位未挖台阶或台阶宽度不足。

⑤半填半挖路段未按规范要求设置台阶并压实。

图 2-11　路基纵向开裂

⑥使用渗水性、水稳性差异较大的土石混合料时，错误地采用了纵向分幅填筑。

⑦高速公路因边坡过陡、行车渠化、交通频繁振动而产生滑坡，最终导致纵向开裂。

(2) 应对措施

采取边坡加设护坡道的措施。

①应认真调查现场并彻底清表，及时发现路基基底暗沟、暗塘，消除软弱层。

②彻底清除沟、塘淤泥，并选用水稳性好的材料严格分层回填，严格控制压实度满足设计要求。

③提高填筑层压实均匀度。

④半填半挖路段，地面横坡大于 1:5 及旧路利用路段，应严格按规范要求将原地面挖成宽度不小于 1.0m 的台阶并压实。

⑤渗水性、水稳性差异较大的土石混合料应分层或分段填筑，不宜纵向分幅填筑。

⑥若遇有软弱层或古河道，填土路基完工后应进行超载预压，预防不均匀沉降。

⑦严格控制路基边坡，符合设计要求，杜绝亏坡现象。

2. 路基横向裂缝

路基横向裂缝如图 2-12 所示。

(1) 原因分析

①路基填料直接使用了液限大于 50、塑性指数大于 26 的土。

图 2-12　路基横向裂缝

②同一填筑层路基填料混杂，塑性指数相差悬殊。

③填筑顺序不当，路基顶填筑层作业段衔接施工工艺不符合规范要求，路基顶下层平整度填筑层厚度相差悬殊，且最小压实厚度小于 8cm。

④排水措施不力，造成积水。

（2）应对措施

①路基填料禁止直接使用液限大于 50、塑性指数大于 26 的土。当选材困难，必须直接使用时，应采取相应的技术措施。

②不同种类的土应分层填筑，同一填筑层不得混用。

③路基顶填筑层分段作业施工，两段交接处，应按要求处理。

④严格控制路基每一填筑层的含水率、标高、平整度，确保路基顶填筑层压实厚度不小于 8cm。

3. 路基网状裂缝

（1）表现形式

路基压实成型后，表面出现网状裂缝，如图 2-13 所示。

（2）形成原因

①路基填料不符合路基填筑土的要求。

②碾压时含水率偏大。

③压实后养护不到位或暴露时间太长，表面失水过多。

（3）应对措施

①选用符合规范要求的土料填筑路基，弱膨胀土或高塑性土应进行掺灰砂化处理。

图 2-13　路基表面局部出现网状裂缝

②碾压时土的含水率应接近最佳含水率。

③加强养护，避免表面水分过分损失。

④及时上土覆盖。

2.1.5　填挖方交界处路基产生差异沉降

1. 表现形式

填挖方交界处的构造示意图如图 2-14 所示。在新建的公路上，经常发现填方地段与挖方地段发生错台，致使整个路段产生不均匀沉降，路面也随之发生破坏。由于填挖结合部位是填挖方的过渡段，其特点是填方的高度和挖方的深度都较小，作为行车荷载直接作用区域，随着时间的推移，由于填挖方的沉降值不同，使路基出现纵向不均匀沉降。如图 2-15 所示为路基填挖方交界处的施工现场。

第 2 章 路基施工常见问题及应对措施

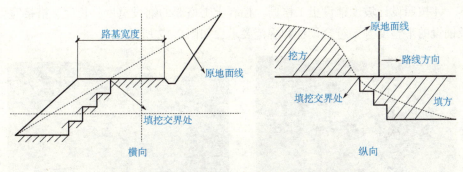

图 2-14 填挖方交界处的构造

图 2-15 路基填挖方交界处的施工现场

2. 形成原因

①在山区公路施工中，路基填方与挖方结合处的填方一般处于一个"倒三角"的地形，这种地形填方时底部机械难以展开工作面，一般先采用倾填的方法到机械能及的位置后才进行碾压，倾填的部分由于大石料集中、填料的孔隙率大极不稳定，尤其是基底未经过处理，基底的承载能力不均匀也会导致变形过大；而挖方地段基础处于天然密实状态，即使有沉降也是均匀的。

②高填方地段的工后沉降量大于挖方地段。

③填方时，填挖衔接处没有按照要求挖台阶处理或者处理的宽度及高度不满足设计及规范要求。

3. 应对措施

①填前对基底处理，清除淤泥、腐殖土、杂草树根。

②做好临时排水设施。

③填方前，按照规范要求挖好连接台阶，台阶宽度不小于 2m，分层压实，如图 2-16 所示。

④按照设计坡度铺设土工格栅,控制土工格栅的铺设宽度、长度、搭接宽度及铺设的平整度等要符合设计和规范要求,如图2-17所示。

图2-16 台阶式路基分层压实

图2-17 铺设土工格栅

⑤做好挖方段的地表、地下排水工作,避免水对新填路基的危害。

2.1.6 路基表面出现"放炮"现象

1. 表现形式

石灰土路基表面出现"放炮"现象,在土的表面形成"蘑菇包",如图2-18所示。

2. 形成原因

①石灰质量差。

②石灰未充分消解。

③石灰消解后未过筛。

3. 应对措施

①严格控制石灰质量。

②石灰应在使用前7~10d进行充分消解,并过10mm筛。

图2-18 石灰土路基表面出现"放炮"现象

③取土坑闷灰时,加大翻拌次数,运到现场时应拣出未消解的石灰块。

2.1.7 路基压实度不足

1. 表现形式

经检测,路基压实度达不到设计要求,如图2-19所示。

2. 形成原因

①压路机吨位偏小,碾压遍数不足,碾压不均匀,局部漏压。

②填筑厚度过大。
③填料粉碎不充分。
④碾压时含水率偏离最佳含水率。
⑤土质变化,未及时调整最大干密度。
⑥掺灰拌和到碾压成型时间过长或成型与试验检测时间间隔过长,导致灰剂量、压实度衰减。

3. 应对措施
①确保压路机的吨位及碾压遍数符合规定,不得漏压。
②填筑厚度应严格根据松铺系数确定。
③填料应粉碎到规定的要求。
④路基土应在接近最佳含水率时进行碾压。
⑤土质变化时应及时重新进行标准击实试验,确定准确的最大干密度。
⑥合理组织施工,成型后及时检测与验收。

图 2-19　路基压实度不足

2.1.8　填石路基中大块石集中

1. 表现形式
填石路基中大的块石含量多,且集中在一起,片石之间无细集料填充,且不均匀系数不在 15～20 之内,密实程度严重不足,如图 2-20 所示。

2. 形成原因
①填石材料粒径大,粒径大的块石未经过粉碎。
②填石材料级配不好,填筑材料全部为块石,无细集料填充。
③布料不均匀。

3. 应对措施
①避免大块石进入填筑路段。
②剔除或破碎大的块石。

图 2-20　填石路基中大块石集中

③选择级配较好的填料进行填筑。填筑前,如发现料源中大的块石集中较多时,应掺拌细料并充分翻拌,再进行路基填筑。
④填筑后发现有大的块石集中较多的地方,挖除集中的块石并用级配好的填料换填。

⑤贯入细集料并翻拌重新压实。

2.2 特殊路基施工

2.2.1 软土路基

1. 表现形式

软土地区路基及软土地基加固工程因自然、环境、技术、材料等各方面因素的影响，易产生沉降超标、路基失稳、加固工程失效等病害。如图2-21所示为某软土路基局部沉降。

2. 形成原因

软土路基发生病害的原因很复杂，除了软土本身所处的自然环境外，地基情况勘察不准确、设计存在缺陷、未按要求进行施工等，都可能导致软土路基破坏。引起软土路基破坏的主要风险源有地基水文地质条件勘察不仔细，软弱地基处理方法不当，软土路基施工不符合要求，路基与地基填筑及加固材料不达标等。对这些风险因素的识别是一项非常复杂的工作，必须结合项目的具体情况，选用科学的方法。

图2-21 软土路基局部沉降

3. 应对措施

（1）表层处理法

1）表层排水法

这种方法是在路基填筑前，在地面开挖水沟，以排除地表水，同时降低地基表层的含水率，确保施工机械的作业条件，为了使开挖水沟在施工中发挥盲沟作用，常用透水性良好的砂砾回填。

2）砂垫层法

这种方法是在软土地基顶面铺设厚度为0.6~1.0m的砂垫层（具体厚度视路堤高度、软土层厚度及压缩性而定，太厚施工困难，太薄效果差）作为软土层固结所需要的上部排水层，以加速沉降的发展，缩短固结过程，如图2-22所示。砂垫层可作为路堤内的地下排水层，以降低堤内水位，改善施工时重型机械的作业条件。

3）稳固剂表处法

这种方法是用生石灰、熟石灰、水泥及土壤离子稳固剂等稳定材料，掺入软弱的表层地基土中，改善地基的压缩性和强度特性，保证机械作业条件，提高路堤填土的稳定性及压实效果。

图 2-22　砂垫层法

（2）换土处理法

这种方法是指将路基范围内的软土排除，用稳定性好的土、石进行回填。换土处理法按排淤方式可分为开挖换填法、抛石挤淤法和爆破排淤法三种。

（3）反压护道法

反压护道法是在路堤两侧填筑一定宽度的护道，使路堤下的淤泥或泥炭向两侧隆起的趋势得到平衡，以提高路堤在施工中的滑动破坏安全系数，达到路堤稳定的目的。

（4）侧向约束法

这种方法是在路堤两侧坡脚附近打入钢筋混凝土桩（也可采用木桩）或者设置片石齿墙等，限制基底软土的挤动，从而保持基底的稳定。

地基在施行侧向约束后，路堤的填筑速度可不加控制，较反压护道法节省土方，少占耕地，但需耗费一定数量的钢筋、水泥、木材，成本较高。

此法适用于软土层较薄、底部有坚硬土层和施工期紧迫的情况，下卧层面具横向坡度时尤其适用。

（5）排水固结法

排水固结法是在天然软土地基表层设置砂垫层等水平向排水体，在地基中设置砂井等竖向排水体，然后加载预压，使土体的孔隙水排出，逐渐固结，如图 2-23 所示。排水固结法通常采用以下几种措施：

1）水平排水垫层

排水垫层的作用是使预压过程中从土体进入垫层的渗透水迅速地排出，使土层的固结能正常进行。排水垫层的质量将直接关系到加固效果和预压时间的长短。

图 2-23　排水固结法

2）竖向排水体

竖向排水体在工程上的应用有以下几种：30~50cm 直径的砂井，7~12cm 直径的袋装砂井；塑料排水板。

3）预压固结法

排水固结法加固软土地基是在软土地基内设置竖向排水体，铺设水平排水垫层和对地基施加固结压力来实现的，如图 2-24 所示。产生固结压力的荷载有三类：一是路堤填料本身的重力；二是外加预压荷载；三是通过减小地基土的孔隙水压力而增加的固结压力（即真空预压法）。

图 2-24　预压固结法

（6）砂石桩挤密法

在土基中钻孔，成孔后在孔中灌以砂、石、土、灰土或石灰等材料，捣实而成直径较大的桩体，利用横向挤紧作用，使地基土粒彼此靠紧，孔隙减少，而且孔被填满和压紧。如图 2-25 所示为施工机械正在进行砂石桩的施工。桩体具有较高的承载能力，群桩的面积约占加固面积的 20%，以使桩和原土组成复合地基，达到加固的目的，在公路中常用的有砂（碎石）桩和生石灰桩两种。

图 2-25　砂石桩挤密法

（7）化学加固法

利用化学溶液或胶结剂，采用压力灌注或搅拌混合等措施，使土颗粒胶结起来，达到对土基加固的目的，称为化学加固法。其施工工艺主要有高压喷射注浆法和深层搅拌法两种。

（8）强夯固结法

强夯固结法，也称动力固结法，它是以 8~12t（甚至达 200t）的重锤，8~20m（最高达 40m）落距，对土基进行强力夯击，利用冲击波和动应力，达到土基加固的目的，如图 2-26 所示。其具有施工简单、加固效果好、使用经济等优点。经强夯处理的地基，其承载力可提高 2~5 倍，压缩性降低 2~10

图 2-26　强夯固结法

倍，适用于杂填土、砂类土、黏质土、泥炭和沼泽土等。

2.2.2 湿陷性黄土地区地基陷穴

1. 表现形式

在上覆土层自重压力作用下，或者在自重压力和附加压力共同作用下，因浸水后土的结构破坏而发生显著附加下沉的黄土称为湿陷性黄土。其分为自重湿陷性和非自重湿陷性两种。自重湿陷性黄土在上覆土层自重压力下受水浸湿后，发生显著附加下沉，称为自重湿陷性黄土；在自重压力下受水浸湿后不发生显著附加下沉，需要在自重压力和外荷载引起的附加压力共同作用下，受水浸湿才发生显著附加下沉的称为非自重湿陷性黄土。湿陷性黄土地基的湿陷变形，往往是局部和突然发生的，会对结构物带来不同程度的危害，使结构物大幅度沉降、开裂、倾斜，甚至严重影响其安全和使用，如图 2-27 所示。

图 2-27　湿陷性黄土地区地基陷穴

2. 形成原因

影响陷穴形成的因素众多，主要包括黄土特性、黄土厚度、黄土湿陷性、黄土结构构造、地形地貌以及水文地质和气候等因素。其中，黄土特性、黄土厚度及其空间组合成为黄土陷穴的物质基础，是形成黄土陷穴的内因。地形地貌以及水文地质和气候等因素是形成黄土陷穴必不可少的外部因素。

3. 应对措施

黄土陷穴具有很大的危害性，应在施工前调查清楚，根据不同情况采取相应的技术措施进行处理。对通过路基路床的陷穴，要向上游追踪至发源地点，在发源地点把陷穴进口封填好，并引排周围地表水，使其不再流向陷穴进口，具体的应对措施见表 2-5。黄土陷穴的处理范围，应视具体情况而定，宜在路基填方或挖方边坡外，上侧 50m，下侧 10～20m。若陷穴倾向路基，虽在 50m 以外，仍应进行适当处理。

表 2-5　湿陷性黄土地区地基陷穴应对措施

项目	内容
灌砂法	本法适用于小而直的陷穴，以干砂灌实整个洞穴
灌浆法	本法适用于洞身不大，但洞壁起伏曲折较大，并离路基中线较远的小陷穴，施工时先将陷穴出口用草袋装土堵塞，再在陷穴顶部每隔 4~5m 打钻孔作为翻浆孔，待灌好和土浆凝固收缩后，再在各孔作补充灌浆，一般需重复 2~3 次，有时为了封闭水道也可灌水泥砂浆
开挖回填夯实法	本法适用于各种形状的陷穴
导洞和竖井法	本法适用于较大、较深的洞穴。由洞内向外逐步回填夯实，在回填前，应将穴内虚土和杂物彻底清除干净。当接近地面 0.5m 时，应用老黄土或新黄土加 10% 的石灰拌匀回填夯实
表面封层	处理好的陷穴，其土层表面均应用石灰：土 = 3:7 的石灰土填筑夯实或铺填透水材料加以改善。石灰土厚度应按设计严格执行。如原设计未要求时，其厚度不宜小于 30cm，并将流向陷穴的附近地面水引离，防止形成地表积水或水流集中产生冲刷

2.2.3　冻土地区路基

1. 路基融沉

（1）表现形式

融沉，也称融化下层，是指土中过剩冰融化所产生的水排出以及土体的融化固结引起的局部地面的向下运动。由厚层地下冰融化而产生的融沉是引起多年冻土区路基变形和破坏的主要原因。如图 2-28 所示为冻土地基路基融沉。

（2）形成原因

①自然（如气候转暖）或人为因素（如砍伐与焚烧树木、房屋采暖）改变了地面的温度状况，引起季节融化深度加大，使地下冰或多年冻土层发生局部融化。在多年冻土上限附近的细粒土和有一定量细粒土充填的粗粒土中往往存在厚层地下冰，由于其埋藏浅，所以很容易受到各种人为活动的影响而融化。

图 2-28　冻土地基路基融沉

②路堤修筑后一方面会引起基底土层压缩等一系列变化，改变了表面的水热交换条件，另外路堤本身的存在则增加了热阻，这些均会造成多年冻土层厚度的变化，产生融沉。

③在高温冻土区，当夏季施工的路堤其高度超过一定值时，会在堤身内形成融土核，造成地下冰的融化，而使路堤下沉。

④路堤建成后改变了地表和地下水的径流条件。当排水措施不当时会产生路堤过水和堤侧积水现象。其结果往往是地下冰融化，路基下沉甚至发生突陷。

（3）应对措施

①排除地表水。地表水是融沉的媒介，防治的重点是排出路基坡脚积水，避免水的横向渗透。采用坡脚黏土集水护道，能将坡脚汇积的地表水远离路基，达到防止热交流现象产生。在距坡脚适当距离设置排（截）水沟，避免形成热融湖。

②保护多年冻土上限。自然条件的变化及人为的活动破坏了多年冻土上限，上限下降则路基沉陷。目前，采用保温护道，特别是在路堤阳坡侧修砌保温护道，有效地保护了冻土上限，延缓了路基融沉速度，是行之有效的整治办法之一。

2. 路基冻胀

（1）表现形式

不均匀冻胀是指使用冻胀性土的路段，在冬季负气温作用下，当有水分供给时，水分不断向上聚集，在路基上部形成冰夹层、冰透镜体，导致路面不均匀隆起，使柔性路面开裂、刚性路面错缝或断板的现象，如图 2-29 所示。

（2）形成原因

不均匀冻胀成因：由于降水或灌溉的影响，在秋季，地面水下渗，地下水位升高，使路基水分增多。到冬季，随着气温下降，路基上层的土开始冻结，土孔隙内的自由水在 0℃ 时首先冻结，形成冰晶体。而路基下部的土温仍较高，在温度梯度作用下，在土体内的水分由温度较高处向温度

图 2-29 路基冻胀

较低处移动，使路基上层水分增多，并冻结成冰，路面冻裂或隆起，发生冻胀病害。

冻胀是冻土区筑路时需要考虑的重要问题之一。一般情况下在低温冻土区，活动层厚度一般较小，且存在双向冻结，冻结速度较快，故冻胀相对较轻。而在高温冻土区，活动层厚度一般较大，冻结速度也较低，如存在粉质土和足够的水分则冻胀严重。由于路基填筑材料的不均匀，或不同岩性和水文地质条件地段路基过渡处理不当，可能引起不均匀冻胀，使线路在平纵断面上失去平顺性。用粉

质土和黏性土填筑的路基,由于冻结时的水分迁移可能在上部聚冰而引起翻浆。

(3) 应对措施

①调节路基水温状况,防止地面水、地下水或其他水分在冻结前或冻结过程中进入路基上部。如在路基中设置隔离层、隔温层,做好路基排水,提高路基等。

②如有水分聚集在路基上部,则应在化冻时期将多余的水分及时排除或暂时蓄积在渗水性与水稳性良好的路面结构层中。如设置排水或盖水泥砂砾垫层等。

③改善土基,加强路面。如路基换土或采用加固土,路面采用石灰土、煤渣石灰土等结构层。

在有些情况下用一种处理措施,往往不能收到预期效果或不够经济合理时,可采用两种或两种以上综合措施。

2.2.4 路基翻浆

1. 表现形式

路基翻浆主要发生在季节性冰冻地区的春融时节。路基土质不良、公路经过湿地或路基坡脚存有积水的路段容易出现翻浆病害,盐渍土和沼泽地是翻浆病害的重灾区。春融期间,由于土基含水过多,强度急剧降低,再加上重复行车的作用,路基发生的鼓包、裂缝、冒浆、车辙等现象,称为翻浆。路基翻浆如图 2-30 ~ 图 2-32 所示。

图 2-30　路基翻浆现场进行换填

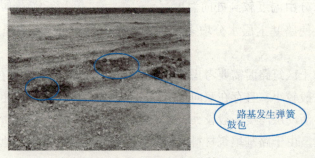

图 2-31　路基鼓包现场图

第 2 章　路基施工常见问题及应对措施

图 2-32　路基车辙现场图

2. 形成原因与应对措施

（1）形成原因

我国北方地区翻浆多发生在季节性冰冻地区的春融时期。秋季是路基水分聚积时期，秋季雨水增多地表水下渗，使路基含水量增多甚至达到超饱和状态，这是发生翻浆现象的先决条件。另外，在我国南方地区也会出现翻浆，主要是路面的密水性较差，公路在经过湿地（地下水位较高地段）或公路边沟或坡脚等处存有积水，在水压的作用下水分逐渐浸入路基造成的结果。翻浆往往沉降和隆起同时并存，路面结构混淆。盐渍地和沼泽地是翻浆病害的重灾区。翻浆的成因主要包括水破坏、土质、温度及湿度、人为因素以及交通量的影响等。

路基翻浆现象的形成原因见表 2-6。

表 2-6　路基翻浆现象的形成原因

项目	内容
水破坏	水破坏是翻浆产生的根本原因。导致翻浆的水体按照来源主要分地下水和地表水两种。地下水是指在比较潮湿的土基上铺筑路面，路基长期受到地下水影响，通过土壤的毛细作用使土基含水量偏高引起翻浆；地表水是指路基受到路面结构及其透水性的影响，通过路面渗入路基内部，在行车荷载的作用下出现严重的翻浆现象
土质	土质分类中细粒土的粉性土是最易产生翻浆的土质。这种土的毛细水上升高且快，在负温作用下水分聚流严重，土体强度降低快易失稳；黏性土毛细水上升虽高，但速度慢，只有水源充足情况下才能形成翻浆；砂性土在一般情况下不会发生翻浆
温度及湿度	一定的冻结深度和冷量（冬季各负气温的总和）是形成翻浆的重要条件。在同样的冻结深度和冷量的条件下，冬季负温作用的特点和化冻结速度的快、慢对形成翻浆的影响也很大。北方地区初冬时节温度较高，冷暖交替出现。温度在 0～-5℃ 时冻结线长期停留在路面下较浅处，大量的水分聚流到路面很近的地方，上部聚冰多较容易发生翻浆现象。反之，如果入冬后就很冷，冻结线很快下降到距离路面较深的地方则不易出现翻浆现象。除此以外，春季气温的变化特点和化冻速度对翻浆也有影响。如果春季化冻快天气骤暖土基急速融化则会加重翻浆的程度

(续)

项目	内容
人为因素及交通量	主要是指设计、施工、养护不当造成。如在设计时对路基路面结构层的选择；公路施工时路基土层的含水率较高；公路运营中养护管理水平和措施方法等。此外，相同条件下交通量越大和重载负荷（尤其是超限车辆）也可大大诱发翻浆的发生概率

（2）应对措施

针对其形成原因的研究表明，翻浆的治理可采用排水、换填、隔离、改善土基承载力等方法。

路基翻浆现象应对措施见表2-7。

表2-7　路基翻浆现象应对措施

项目	内容
应对水破坏	预防水破坏可从解决危害来源着手，如提高路基标高、降低地下水位或者提前引导水流方向等。 春融时的翻浆处理基本上都存在补给水，首先宜挖除翻浆，利用盲沟（渗沟）导流地下水远离路床和公路用地范围，保证其不再危害路基安全；其次用手摆片石或砂砾换填；再次铺筑土工（布）膜隔绝；经过以上处理措施杜绝危害来源和补强土基承载力，最后进行路基施工
彻底挖除翻浆	挖除深度应满足以土中含水率不大于最佳含水率3%为宜。处理原则为"挖大不挖小，挖深不挖浅"。若翻浆过深，宜整平开挖底面，采用手摆片石隔离层
地表水的渗入处置	只需挖除翻浆，换填手摆片石或铺筑透水性材料即可进行路基路面的铺筑；也可在挖除翻浆至非塑状土后加入石灰挤密桩。石灰挤密桩以生石灰粉料填较为理想
土工合成材料隔离处置法	土工合成材料一般是指土工布或土工膜，其基本功能为约束、隔离功能，同时具有加筋、补强、反滤（土工布）等作用。土工膜与土工布的区别在于土工布可透水而土工膜不可透水。采用上述两种材料隔离，是将其铺筑于翻浆部位顶面，分层铺筑填料，压路机稳压，待填筑材料逐层稳定后采用土工膜或土工布包裹砂砾换填加固，最后按正常施工程序进行。这种方法的优点是造价低，施工方便。缺点是需要一定的处置高度，对含水量高（含水率大于最佳含水量5%~8%以上）的地段还需要一定的沉降固结期。该方法对过湿地段的处置很有效果。对此类地段处置不宜扰动原状土
直埋骨架材料，沉降固结处置法	对于大面积沼泽地和盐渍土地区，往往采用直接填筑骨料材料，稳定表层，而后填筑普通骨架材料，固结沉降逐渐形成稳定路基。骨架材料一般选用片块石、砂砾、碎石等。开始填筑时采用轻型压路机，逐层填筑后压实，待基本稳定后按照路堤筑填规定正常施工。此方法需要一定的沉降固结期。路基填筑应预留沉降高度，在沉降期加载预压，待路基稳定后再清除预压材料。预压材料一般为筑路材料，如路基填料或路面材料等，反压完成后材料可以继续采用

(3) 路基翻浆处置的有关要求与注意事项

①翻浆防治的基本途径是防止地面水、地下水或其他水分在冻结前或冻结过程中进入路基上部，可将聚冰层中的水分及时排除或暂时蓄积在透水性好的路面结构层中；改善土基及路面结构；采用综合措施防治。

②正确的分析翻浆成因是处置翻浆的前提。翻浆是因水而生，要准确分析水损坏类型，分清地表水与地下水、临时性浸水（如水管爆裂）还是长期补给水，由此决定处置方案。处置的根本出发点在于根治和预防水患。要依据工程实际分析，提出有针对性的根治和预防水损坏措施。

③和修补坑槽一样，翻浆的处置也宜采用矩形修补，各边分别垂直或平行于路线中线，用以增强界面结合。

④处置方案的选择应充分考虑经济性、可行性及技术资源配置等方面的因素，综合选择最为理想的处置对策。

2.2.5 涎流冰路基

1. 表现形式

涎流冰是指北方寒冷地区山区公路挖方边坡截断地下含水层处，含水层中的水在冬季边渗边冻，形似固态"流涎"水，如图 2-33 所示。涎流冰是北方寒冷地区公路路基的一种主要病害。轻者堵塞水沟和覆盖部分路基路面，重者漫延整个路幅，可达数十米乃至百余米，危及行车安全。

图 2-33　路基涎流冰

2. 形成原因

涎流冰的成因分析如前所述，涎流冰是由挖方路段上边坡裂隙水（空隙水）冰冻而成。这些裂隙水（空隙水）在天气暖和时以液体流出，而在冬季时则因渗水流速小，在流动过程中冰冻而成为涎流冰。

3. 应对措施

根据涎流冰发生的因素和病害状况，西北地区公路工程界采用两种基本方法进行处置：一是蓄冰法，二是保暖蓄水排除法。它们是根据涎流冰多少、公路等级的不同分别采用的。前者主要应用于涎流冰数量小的二级及二级以下公路；后者则应用于高等级公路，现分别介绍如下。

(1) 蓄冰法

蓄冰法主要用于低等级公路且涎流冰体积小的路段，低等级公路采用此方法即可消解涎流冰病害。

蓄冰法是在涎流冰发生路段根据涎流冰每年产生体积修建蓄冰池、蓄冰涵洞、蓄冰沟渠之类的蓄冰构筑物，在寒冷季节不使涎流冰"上路"，待来年春暖花开、涎流冰融化后以液态水排出，这种方法节省资金，在二级及二级以下公路多有应用。

对于体积不大而涎流冰发生较长的路段，可以采用挡冰堤、挡冰墙、挡冰栅栏、超挖边坡、扩大边沟及截水沟尺寸等处理涎流冰的方法。

采用这种蓄冰法的目的是防止涎流冰上路覆盖路基路面，造成行车隐患。

(2) 保暖蓄水排除法

这种方法是在涎流冰发生路段，开槽保暖裂隙水（空隙水），然后以盲沟等地下水排除方式排出路外。这种方法适用于高速公路与一级公路，以期为顾客提供快捷、优美的行车环境，与公路服务水平相匹配。

这种方法的施工程序为：开槽→填塞保温材料（炉渣、砾石）→外砌砌体隔离→引入盲沟外排。

开槽位置应选在涎流冰发生部位，开槽深度和盲沟埋置深度应大于项目地最大冻深，以确保裂隙水（空隙水）液态排除。保温材料应选择大空隙、导热性能差的固体材料，如炉渣、砂砾、碎石、塑料泡沫等材料。盲沟应有纵向盲沟与横向盲沟，以采用土工合成材料盲沟为最佳。盲沟应有较大的坡度（水力梯度），不宜小于4%（有的资料提出不小于5%），以加大流速。盲沟的出水口应有适宜的保暖措施。土工合成材料盲沟构造可参照前列相关内容设计与施工。

如果一个坡面上有多处涎流冰发生"点"，可以单点处理，不一定采用纵向盲沟连通排水。靖安高速公路延安段采用炉渣蓄热、砾石蓄水、护面墙防护与装饰外表，土工合成材料盲沟排水，成功地将3处"准"涎流冰作为一般地下水排出路外，是陕西境内高速公路治理涎流冰的成功范例。

4. 涎流冰处置的有关问题

①涎流冰属于季节性病害，处置的根本出发点在于阻止涎流冰"侵入"路面、影响行车安全，也应考虑保护环境和创造良好的行车条件，高等级公路应优先考虑。

②在处置涎流冰前，宜在前一个冬季现场调查，划定冰蚀范围，测量涎流冰数量，再进行设计，在春融后、下一个冰冻前组织施工。

2.2.6 岩溶地区路基

1. 表现形式

岩溶地区路基病害的表现形式有：地表岩溶形态起伏和岩土不均匀组合造成的路基不均匀沉降、变形，甚至整体滑动；岩溶地面塌陷对路基稳定性的破坏；路基下潜伏溶洞顶板失稳引发路基下沉、塌陷和破坏；路基遭受岩溶水作用引发的滑动、塌陷变形、淹没破坏；反复与间歇泉浸泡路基基底，引起路基沉陷、坍塌或冒浆；路基下土洞塌陷引发路基下沉开裂、陷落等破坏；岩土不均匀组合导致边坡的泥流变形；边坡整体失稳；边坡落石、崩塌、掉块等。边坡塌陷如图 2-34 所示，路基塌陷如图 2-35 所示，路基出现岩溶坍洞的现象如图 2-36 所示，路基溶洞现象如图 2-37 所示。

图 2-34　边坡塌陷

图 2-35　路基塌陷

图 2-36　岩溶坍洞

图 2-37　路基溶洞

2. 形成原因

石灰岩等可溶性岩层，在流水的长期溶解和剥蚀作用下，产生特殊的地貌形态和水文地质现象，统称为岩溶。由于地下岩溶水的活动，或因地面水的消水洞阻塞，导致路基基底冒水，水淹路基、水冲路基以及隧道涌水等病害；由于地下洞穴的坍塌，引起位于其上的路基及其构造物发生坍塌、下沉或开裂等。

3. 应对措施

①对路基上方岩溶泉或冒水，可采用排水沟将水引离路基，不宜堵塞；对路基基底的岩溶泉或冒水，宜设涵洞（管）将水排除；流量较大的暗洞及消水洞，可用桥涵跨越通过。

②路堑边坡上危及路基稳定的干溶洞，可用干砌片石或浆砌片石堵塞；对于路基基底或挡土墙基底的干溶洞，当洞口不大、深度较浅时，可采用回填夯实；对于洞口较大、深度较深的溶洞，可采用绕避或桥涵跨越；溶洞的顶板太薄或顶板较破碎时，可采用加固或将顶板炸除之后，以桥涵跨越；如顶板较为完整，其厚度大于5m时，可不做处理；当溶洞位于边沟附近，而且较深时，可采用钢筋混凝土板封闭，并应防止边沟水渗漏到溶洞内。

③防止溶洞的沉陷或坍塌，以及处理岩溶水引起的病害，可视溶洞的具体情况分别采用洞内加固（如桩基加固、衬砌加固）、盖板加固、封闭加固（如锚喷加固）等方法。

④对影响路基稳定的人工坑洞（如煤洞、古墓、枯井、掏沙坑、防空洞等），应查明情况后，参照岩溶塌洞的处置方法进行处理。

2.2.7 膨胀土路基

1. 表现形式及形成原因

膨胀土路基病害主要有滑坡、裂缝、波浪变形和溅浆冒泥等。波浪变形是指路基或路面随季节产生很大的横向波浪变形，由于路幅内土基含水率的不均匀变化引起土体不均匀胀缩所致。溅浆冒泥是指在雨季或路面渗水，土基受水软化，在行车荷载作用下，形成泥浆，挤入粒料基层，并沿路面裂缝、伸缩缝溅浆冒泥，同时膨胀土的路堑也会因此而坍塌，如图2-38所示。膨胀土路基裂缝如图2-39所示。

图2-38 膨胀土的路堑坍塌

图2-39 膨胀土路基裂缝

2. 应对措施

膨胀土地基处理一般可根据土的胀缩等级、当地材料及施工工艺等，进行综合技术经济比较后确定处理方法，常用的方法有以下几种：

（1）换填垫层

①换土垫层。可采用非膨胀性土或灰土。换土厚度可通过变形计算确定。

②砂石垫层。垫层厚度不应小于300mm。垫层宽度应大于基底宽度，两侧宜用相同材料回填，并做好防水处理。

③桩基础。桩基础应穿过膨胀土层，使桩尖进入非膨胀土层，或伸入大气影响急剧层以下一定的深度。桩承台梁下应留有空隙，其值应大于土层浸水后的最大膨胀量，且不小于100mn。

此外，在施工中宜采用分段快速作业法，防止基坑（槽）暴晒或泡水。及时浇混凝土垫层。当基础施工出地面后，基坑应及时分层回填。工程竣工使用期间还应加强维护管理。

（2）路基断面处理

①路面采用不透水面层。一般公路宜尽可能采用柔软的面层和较厚的粒料基层；高等级公路宜采用厚石灰土底基层。

②路基面横坡尽可能大一些。

③路肩尽可能宽一些，最少不小于2.0~2.5m，横坡要尽可能大一些。路肩全宽用与路面基层相同的结构层铺砌，并铺较薄的不透水面层或做防渗处治。

④边沟适当加宽并尽可能加深，沟底应在地面以下至少40~50cm。

⑤路侧不应种树，特别不应种生长快、吸水和蒸腾量大的树种；若种树应在边沟外侧最少5m以外。

（3）控制路基高度

膨胀土路堤不宜过高，一般宜控制在3m以内。如超过3m则须考虑沉降稳定问题，如超过6m则须考虑预留沉降和路基的加宽。

（4）路基排水

①所有排水设施均应精心设计，以使危害路基稳定的地面水、地下水能顺畅排走，防止积水浸泡路基。

②所有地面排水沟渠，特别是近路沟渠，均应铺砌和加面，以防冲、防渗。

③边沟应较一般地区适当加宽、加深。路堑边沟外侧应设平台，以保护坡脚免遭水浸，并防止剥落物堵塞边沟。

④堑顶设截水沟，以防水流冲蚀坡面和渗入坡体。堑顶截水沟应距堑缘10~15m。截水沟纵坡宜以岗脊为顶点向两侧排水。

台阶式高边坡，应在每一级平台内侧设截水沟，以截排上部坡面水，并宜在截水沟与坡脚之间设一定宽度的平台，以利坡脚稳定。

2.2.8 盐渍土地区路基

1. 表现形式及形成原因

（1）溶蚀

溶蚀是指主要是氯盐渍土，其次是硫酸盐渍土，受水对土中盐分溶解，可形成雨沟、洞穴，甚至湿陷、塌陷等路基病害，如图2-40所示。

（2）盐胀

路基边坡和路肩表层在昼夜温度变化所引起的盐胀反复作用下，变得疏松、多孔，易遭风蚀，并伴随沉陷。

（3）冻胀

氯盐渍土，当含盐量在一定范围内时，由于冰点下降，水分积聚流动时间加长，可以加重冻胀。但含盐量更多时，由于冰点

图2-40 溶蚀现象

降低很多，路基将不冻结或减少冻结，从而不产生冻胀或只产生轻冻胀。硫酸盐渍土具有和氯盐渍土类似的作用。但冰点降低不如氯盐多，因此影响不如氯盐显著。

（4）翻浆

氯盐渍土，当含盐量在一定范围时，不仅可以加剧冻胀，也可以加重翻浆，这是因为氯盐渍土不仅聚冰多，而且液塑限低，蒸发缓慢。当含盐量更多时，也因不冻结或冻结而不翻浆或减轻翻浆；硫酸盐渍土，在降低冰点方面，其作用和氯盐渍土类似，因此可以加重翻浆，但不如氯盐渍土显著。春融时结晶硫酸盐脱水可引起加重翻浆的作用；氯盐渍土，由于透水性差，可减轻冻胀和翻浆。

2. 应对措施

（1）路基高度的保证

为防止因路基高度不足而出现冻胀和翻浆以及盐胀和盐渍化，盐渍土地区路基要保证最小高度的要求，这个高度是指路基高出地下水位的最小高度，一般由三个部分组成：一是毛细水强烈上升高度；二是盐胀深度、冻胀深度和蒸发深度；三是安全高度。需要通过试验实测比较确定路基的合理最小高度。

（2）确保路基排水的畅通

盐渍土地区路基要保证排水畅通。在地面水的排除有保证及地下水位不高的情况下，弱盐渍土和中盐渍土路基高度、边坡坡度以及路拱形状，可按一般路基设计。要防止路基附近积水，确保路基稳定。当两侧有取土坑时，利用取土坑进行纵向和横向排水。当无取土坑时设置纵向排水沟排水。在取土坑与路基边坡坡脚之间设置不小于2m的护坡道。当地下水位较高但地形有利时，可设置降低地下水位的排水渗沟。

（3）铲除表层的盐土结皮

当地表为盐渍土的细粒土地区或有盐结皮或松散土层时，应将其铲除。铲除的深度由试验而定。如地表盐土过厚，也可铲除一部分，并设置封闭隔水层。设置深度至少是路基工作区深度，一般不小于80cm；若有盐胀问题存在，隔水层设在产生盐胀的深度以下，当采用土工合成材料作为隔水层时，为防止隔水层被压挤破碎，一般在隔水层上下分别铺一层15cm厚的砂土或黏土保护层。

（4）设置合理的隔断层

当提高路基高度和降低地下水位不经济或不可能时，可在路堤下部设置毛细水隔断层。隔断层一般用粗颗粒的渗水材料修筑，也可用沥青、土工布等不透水材料修筑。如用粗粒的渗水材料修筑时，其厚度视所用填筑材料的颗粒大小而定。即相当于毛细水在该土层的上升高度再加一段安全距离。材料颗粒越粗则高度越小。安全高度一般为0.15m，在湿胀地区取0.30m。为防止隔断层失效，应在隔断层的顶面和地面各铺一层反滤层。隔断层应尽量设置在路基的中部或底部，在硫酸盐渍土和亚硫酸盐渍土地段，为防止盐胀，更应放低一些。

（5）布设路基防护工程

各级公路、特别是高速公路和一级公路的盐渍土路基的路肩和边坡，应采取防护措施或加宽路基措施。

2.3　冬、雨季路基施工

1. 冬季施工雪害问题

（1）表现形式

冬季施工过程中，雪害问题是影响非常大的一个因素。总体来说，雪害主要是指积雪，这里的积雪不仅包括自然降雪，还有风吹雪。风吹雪主要是在降雪或者降雪以后，由于风达到了一定的强度，将会使雪粒随风运动，进而形成风吹雪，当风的强度变弱的时候，雪粒就会堆积成雪堆。

由于风吹雪的影响，使道路上的能见度降低，整个交通条件比较差，极其容易导致行车事故。另外，由于雪堆的厚度一般都比较大，不仅会给交通便利带来影响，严重时甚至会淹没车辆。因此，雪害也是冬季道路施工过程中的主要问题，如图 2-41 所示。

（2）形成原因及应对措施

在道路两旁营造好防雪林、简易防雪仗、阻雪堤；营造防雪林可以使风携带的雪粒堆积在防雪林附近，这就降低了道路中的雪害问题，是一种比较有效且经济的做法，在这一措施中，林带和道路的距离取林高的 10~15 倍时为最佳，而且防雪林距离最好取 30m。

简易防雪仗多是由玉米秆和树枝等编制而成。一般来说，高度取为 1.5~

图 2-41 雪害

2m，并且距离为 20m 以外的位置设置多道防雪仗效果相当不错。防雪堤主要是对已有的积雪修筑阻雪堤，进而达到以雪治雪的效果。具体工作中，一般高度取 1.5~2m 为最佳，而且在修筑过程中最好分段进行修筑，并做到每一段的方向和主导方向处于垂直状态，其中第一道阻雪堤距离边沟的距离取 15~20m 最合适。

进行植物防雪、道路除雪。植物防雪是指利用道路旁边的植物对风雪进行防治。可以在春季根据道路的特点和当地农民进行协商，使其种植比较高的作物，这样秋季收割后，秸秆并不割倒，进而起到防雪作用。道路除雪主要是通过机械的方式实现的。主要机械有除雪机、平地机、装载机、推土机等。除雪时应尽可能将积雪推至下风一侧，以防重复雪阻。

在工程即将进入冬季施工前，与当地气象部门签订服务合同，及时掌握天气预报的气象变化趋势及动态，以利于安排施工，做好预防准备工作。根据道路施工的具体情况，确定冬季施工采取防护的具体工程项目或工作内容，制定相应的冬季施工防护措施，管理人员要对施工的机械、设备做好准备工作，保障各种施工机械、设备齐全，包括对各种施工机械的维修养护，以及运输路面混合料的车辆应有保温措施，防治出现施工过程中的机械故障影响工程质量。

做好冬季施工技术文件的编制工作。在工程进入冬季施工前，要提前编制好冬季施工技术文件，作为冬季施工指导性文件，冬季施工技术文件必须包括施工方案和施工组织设计或技术措施。进入冬季前对所有机械设备做全面的维修和保养，做好油水管理工作，结合机械设备的换季保养，及时更换相应牌号润滑油；

对使用防冻液的机械设备确保防冻液符合当地防冻要求；未使用防冻液的机械设备要采用相应的防冻措施，例如采取停机后排放冷却水或放入暖棚车间内。

（3）需要注意的问题

①路基填筑的材料方面，要选择未冻结的砂类土和卵石土。

②严格按照路基土方施工交底进行施工，运输车辆和设备要严格管理。

③现场工作人员都应佩戴安全防护用品，以确保员工安全。

④对现场的设施设备和材料应提前采取防寒保温措施。

2. 雨季施工

（1）表现形式

雨季施工路基病害表现形式有：由于场地平整面积过大、填土过深、未分层夯实；场地周围没有做排水沟、截水沟等排水设施，或者排水设施设置不合理，排水坡度不满足要求；场地周围没有做排水沟、截水沟等排水设施，导致路基面积水，如图 2-42 所示；或者排水设施设置不合理，排水坡度不满足要求以及测量误差超过规范要求等原因，而导致场地内在平整以后出现局部或大面积积水；由于使用了含水量比较大的腐殖土以及泥炭土或者黏土、亚黏土等原状土土料回填，打夯以后，基土发生颤动、受压区四周鼓起形成隆起状态（土体体积未变化）、土体长时间不稳定。

（2）形成原因及应对措施

①根据工程特点，合理安排机具和劳动力，组织快速施工。

②雨天施工，要及时收听、收看气象台站的天气预报，随时掌握天气变化情况，合理安排施工时间。

③进入现场设备材料避免堆放在低洼处，露天存放的要垫高，在大雨来临之前，对不能入库的器材，进行全封闭覆盖，避免被雨淋湿生锈、变质。

图 2-42　路基面积水

④及时对各种设备进行维修刷油，保证正常运转。电气设备搭设防雨棚，防止损坏设备。

⑤认真做到雨前有预防，雨后有行动。定期安排人员对各种排水系统进行检查，保证排水畅通。尤其要做好水泥库、粉料库的通风、防潮、防水工作。

⑥在雨季施工应适当缩小工作面，土方采用随挖、随运、随铺、随压实的方法，尽量当天施工当天成活，妥善安排好现场的排水和交通，切忌在全线大挖大填。

⑦中雨以上的雨天不得新开混凝土浇筑仓面，有抗冲耐磨和抹面要求的混凝土不得在雨天施工。

⑧明沟排水法。沿场地周围开挖排水沟，再在沟底设集水井与其相连，用水泵直接抽走（排水沟和集水井宜布置在施工场地基础边净距0.4m以外，场地的四角或每隔20~40m应设1个集水井）。

⑨深沟排水法。如果场地面积大、排水量大，为减少大量设置排水沟的复杂性，可在场地外距基础边6~30m开挖1条排水深沟，使场地内的积水通过深沟自流入集水井，用水泵排到施工场地以外沟道内。

（3）需要注意的问题

①降雨后应在第一时间对现场的积水进行排水处理。

②在突发降雨时应立即停止施工，待雨停后检查现场无安全隐患后再继续施工。

③应将重要的和不得受潮的设施设备提前放置在地势较高的地方。

④做好对天气的监测工作，做好防护措施。

2.4 改扩建工程路基施工

1. 表现形式

在路基加宽施工时，新老路基产生不均匀沉降及塑性累积变形，新路基沿着老路基边坡整体沉降，新路基沉陷和滑落，纵横开裂等问题，如图2-43所示。

2. 形成原因

①新老路基不均匀沉降。老路基基底经多年荷载作用已被压实，沉降变形已经终结，而新路基基底还需要经过上述过程才能压实并发生沉降下滑。老路基的填筑材料经多年的自重、路面和车辆等外部荷载作用，已经完全被压实，而新路基的填筑材料尚未完全被压实，存在后期变形。

图2-43 新路基沉降

②新路基沿着老路基边坡整体沉降。施工时没有严格按照设计图纸要求，将各结构层挖成台阶状，不能达到压实度要求。在老路基路肩的处理过程中挖除不彻底，对原有路基含水量大、密实

度不足的地段处理不彻底。

③路基整体加高后，新路基沉陷和滑坡。路基填土压实控制不严，压路机的吨位及碾压遍数不到位，造成路基填方地段出现变形，尤其是填土高度较大的路基，由于塑性、弹性变形的不断增加，导致路基顶部出现沉陷和滑坡。

④老路基两侧的水沟及砌体处理不当。老路基两侧的水沟是农田灌溉水渠或泄洪渠道，经常年浸泡或渗透，沟底淤泥淤积或存在沟底暗流，对其产生的危害性估计不足，清理不到位，造成路基沉降。砌体背后的回填往往不能与路基填筑同步完成，造成结合部位的松土处理不到位，产生不均匀沉降，在路基加宽施工过程中，忽略了该部位的处理，造成路基沉降。

⑤新老路基加宽处理后结合部位路基材质和路面结构层厚度、强度不一，特别是一边为新加宽路基，一边为原有老路基，质量也存在差异，在结合部位产生一个临界面，为道路开裂留下隐患。新老路基加宽处理后，在结合部位沉降不一，产生一定的沉降差值，特别是新加宽路基后沉降较大，而老路基已经完成了相当的工后沉降量，这样不可避免地在结合部位产生一个沉降差值突变点，成为道路产生裂缝的主要原因。

3. 应对措施

①填筑路基前，首先疏通路基两侧纵横向排水系统，避免路基受水浸泡，特别是地基土为黄土、黏土等细粒土，在干燥状态下（最佳含水量）结构比较强，有较强承载能力，一旦受水浸泡，将易形成翻浆或路基沉降。做好路基施工前排水畅通尤为重要，施工质量自检人员应认真监督；严格选取路基填料用土。路基填料确定前，进行土质分析、CBR 值、标准击实等试验，对于种植土、腐殖土、淤泥、强膨胀土等劣质土和 CBR 值，最大粒径不能满足规范要求的材料，不得用于路基填筑。

②清除原路肩边坡上草皮、树根及腐殖土等杂物，并挖台阶处理。台阶尺寸为高≤30cm，宽≥45cm。台阶挖好后与新路基一同进行分层回填碾压施工。

③路基填筑前先放出边坡线及中桩护桩，然后根据边坡及设计图纸的要求，需做出台阶的地方做出台阶，分层填筑，每次填筑厚度不大于 30cm，并向里有 2% 的坡度，经上料、摊平、碾压完毕后，放出台阶宽度（根据其台阶高程计算得出），台阶填筑完成后，全断面填筑，放出边线，放边线时需加 30cm 的碾压宽度，然后上料、整平、碾压，路基顶面施工时控制好高程、宽度、平整度、横坡等。

④在低路堤新老路基结合部位采用三层土工布处理（沿线其他地段采用 3~5 层土工布处理），土工布宽一般为 4m 以上，水平铺在新老路基结合部位上，每层相隔 20cm。由于高路堤不均匀沉降差大，影响范围大，破坏力大，故在新老

路基与路面结合部位采用高强度的土工格栅处理，以加强新老路基的结合强度，从而解决新老路基的不均匀沉降。

⑤路基施工分层填筑，分层碾压，严禁混填，分层压实厚度不大于30cm，不同性质的土不混填，同一种填筑材料填筑厚度不小于50cm（两层）。路基填筑须全幅填筑，一次到位。碾压过程中，控制好含水量，压实度达到规范要求后，才进行后续施工，压实度检测每层2000m（不足2000m按2000m计）不少于4点，必要时增加检查点数，以防止压实不足处漏检。检验不合格时，能够及时补压，根据不同填土类型和压实厚度，选择大吨位振动压路机压实，效果较好。

2.5 排水工程

路基排水施工中，经常因管理不善，造成排水沟沟底纵坡不顺、断面尺寸不准、排水无出路等质量通病，必须在施工中针对产生原因积极予以防治。

1. 排水沟沟底纵坡不顺，断面大小不一

（1）表现形式

沟底高低不平，甚至反坡，局部积水，局部断面过小，排水不畅，如图2-44所示。

图2-44 排水沟排水不畅

（2）形成原因

未按设计纵坡和断面开挖修整边沟。忽视对附属工序的质量检验。边沟积水将渗入路基，降低路基土的强度和稳定性。

（3）应对措施

要严格按照设计要求的开挖断面和纵断面高程开挖修整，认真做好工序质量检验。

2. 路基排水无出路

（1）表现形式

边沟尾间无出路、边沟变成渗水沟。

（2）形成原因

①工程设计单位设计调查工作不细，不能解决排水出路问题。

②施工单位学习图纸不细，对设计忽略的问题未提出补充意见。或是设计已有要求，施工单位有所忽视。

③边沟大量积水浸入路基，降低路基土的强度和稳定性，减少道路的使用寿命。

（3）应对措施

施工单位要认真学习施工图，加强图纸会审，对排水出路不明确的，要提出补充设计。除解决好路基边沟排水设施外，还要解决好边沟尾间排水沟的挑挖修整问题。

2.6 防护与支挡工程

1. 表现形式

挡土墙损坏是指挡土墙上倾、鼓肚（图2-45）、裂缝（图2-46）以及浸水挡土基底部滑坡和掏空等病害。当然，也包括挡土墙倾覆（图2-47）这种损坏的极限状况，但那已经超出了病害修复的范围而属于重新修建的范畴，故不予赘述。这里所述的挡土墙，既包括各种结构形式的路肩（路堤）墙（俗称"下挡土墙"），也包括路堑墙（俗称"上挡土墙"）；主要包括浆砌片（块）石挡土墙、为数不多的水泥混凝土挡土墙，不包括干砌片（块）石挡土墙。

图2-45 路基挡土墙鼓肚　　图2-46 路基挡土墙裂缝

2. 形成原因

挡土墙的病害成因有以下几种：

(1) 水破坏

水破坏是指水的浸入使挡土墙墙背填料湿软、凝聚力下降，增大了对挡土墙的主动土压力致其产生病害。这类病害多发生于细粒土填料的下挡土墙和支挡上边坡坡积层类破碎土体的上挡土墙。

图 2-47　挡土墙整体倾覆

(2) 设计断面尺寸不足

设计断面尺寸不足，不能抗拒墙背主动土压力。这类病害的发生是因为设计计算主动土压力考虑欠周全而使断面不足，或是施工过程中人为地扩大了填方断面，增加了主动土压力。一段时间以来，人们看重了仰斜式挡土墙的优点而疏忽了其适宜的使用条件，结果挡土墙断面尺寸偏小，挡土墙发生病害甚至倾覆。一般来说，挡土墙"贴近"原状土、墙背填料少，则挡土墙所承受的主动土压力小，仰斜式是理想的结构选择。在施工过程中，往往有多开挖原状土体的情况，就可能使设计断面尺寸显得不足，从而产生病害。

(3) 浸水挡土墙

浸水挡土墙基底埋深不足，使洪水冲刷致挡土墙基底部被掏空或局部悬空。

3. 应对措施

挡土墙损坏最彻底的加固方法就是拆除重建。而拆除重建不利于资源利用和环保；工程费用大，经济性差；施工工期长，对交通造成严重影响；施工关键环节多，极可能产生新的病害。挡土墙病害常见的应对措施有以下几种：

(1) 修复

修复主要适用于浆砌片（块）石挡土墙上部损坏的挡土墙，也适用于断面尺寸合理、病害程度一般的挡土墙。修复时应拆除损坏部分，采用合格的片（块）石和不低于 M10 的砂浆按规范要求砌筑。

当挡土墙长度≤10m 时，拆除损坏部分重新砌筑；当挡土墙长度 >10m 时，宜从两端划段局部拆除、跳槽修复；切忌全面拆除修复。

跳槽修复的目的在于确保修复安全，划段长度不宜大于 10m，以 5~6m 为佳。修复时对保留槽段不应进行施工扰动；对修复槽段应全断面进行，包括砌体修复、挖除不合格填料、墙背回填等。

(2) 挡土墙损坏的工程加固

挡土墙损坏的工程加固可采用以下几种方法：

①框架支撑加固法。适用于挡土墙高大、墙体较完好，但存在上倾、鼓肚等微病害，墙体外有充足作业与工程空间地段的挡土墙加固。

采用框架支撑，就是在紧贴墙体外部采用钢筋混凝土框架包络病害范围，然后采用混凝土（最好是钢筋混凝土）斜撑（俗称"牛腿"）支撑，达到加固的目的。这种加固方法的优点是不拆除旧挡土墙，利于环保，造价经济，加固效果明显；缺点是不够"雅观"。

这一加固方法的关键技术在于框架置于病害"脉络"（病害突出的点、线）、框架空间包络病害的全部范围。斜撑可以是斜支杆，也可以是三角实体。为增强整体性，斜撑钢筋宜与框架钢筋连接。框架与斜撑混凝土强度等级宜采用 C25 或 C30，既能满足强度需求，又具耐久性。

②刚性斜撑（俗称"牛腿"）加固法。这种方法实际上是框架支撑加固法的简化或局部应用。框架支撑加固法应用于病害比较"普遍"地段，刚性斜撑加固法则应用于局部病害地段。刚性斜撑加固法适用于墙体整体完好，局部存在鼓肚、裂缝等微病害，墙体外有斜撑工程空间的地段，它是将混凝土或片（块）石砌体制作的斜撑直接支撑于病害处。

这种方法比较简易，对水损坏造成的局部鼓肚等病害处置颇有成效。

③外加挡土墙加固法。这是一种"包饺子"的方法，适用于原挡土墙断面偏小而尚未出现严重病害墙体，这种方法应用广泛。其视原挡土墙断面及损坏状况可采用矮挡土墙、半高挡土墙、全高挡土墙结构。

这种加固方法的关键技术在于新旧挡土墙能否共同作用。也就是说，加固挡土墙应该与旧挡土墙紧密结合、共同"工作"，为此，宜采用在旧挡土墙中植筋锚固、局部混凝土连接、新旧墙砌体错槎砌筑等技术措施，促成新旧挡土墙的结合。

（3）浸水挡土墙被掏空或悬空的加固

由于浸水挡土墙基底埋深不足，受洪水冲刷致挡土墙底部被掏空或局部悬空的情况常有发生。近几年，陕南地区公路多受水毁灾害，浸水挡土墙基底埋深不足而被掏空或局部悬空者多达挡土墙数的 40% 以上。尽管绝大多数挡土墙砌筑质量较好，掏空、悬空但整体性能良好而未垮塌，但长期如此势必造成挡土墙损坏，需采用水泥混凝土进行加固处理。

加固的方法是采用 C20 混凝土进行修补。填补掏空部分的混凝土应具半流动性，坍落度不宜小于 90mm，尽可能充分填塞，顶部混凝土可根据作业条件选用适宜的坍落度。施工时应沿挡土墙纵向围堰，采用满足作业要求的抽水机抽水，然后开挖河床（尽可能）至挡土墙底部，再行支模和浇筑混凝土。围堰时应充分考虑留足开挖或模板支立和工作宽度（工作宽度一般取40cm）。模板可分两次支立：第一次支立至被掏空部分上缘以下40cm左右，浇筑混凝土并振捣密实；在混凝土强度达到2.5MPa后再第二次支立模板，浇筑"封顶"和"护面"混凝土。

加固混凝土厚度不宜小于40cm，且不宜大于100cm。混凝土顶面宜高出常水位100~200cm，底部应置于最大冲刷线以下1m，最大冲刷线确定有困难时，混凝土加固底部不应高于河床底部以下2m。

2.7 路基修正

1. 路基沉降修正

（1）表现形式

施工时间短，在路基碾压时未能完全满足分层回填碾压的施工工序，如图2-48所示。

图2-48 路基沉降

（2）形成原因与应对措施

路基沉降的形成原因与应对措施见表2-8。

表2-8 路基沉降的形成原因与应对措施

项目	内容
形成原因	①路基的含水量直接影响压实度。雨量充沛时，地下水位上升，导致路基的含水量高，路基变软，容易导致路基下沉。 ②台背沉降问题，沉降的产生与路基后续施工技术的运用有着直接的关系。 ③施工顺序组织不合理，有可能会发生路基沉降

(续)

项目	内容
应对措施	①路基填土的压实程度得到保证。 ②施工参数控制，在施工过程中，及时进行现场强夯施工的检测，而且把实际结果反馈到设计部门，以便进行修改及调整设计参数，然后把修改及调整好的设计参数给施工单位，保证整个公路建设工程有序进行。 ③采取科学分析方法得到精准位移数据。然后结合土体破坏的位置，找到合理解决办法，保证路基安全平稳

2. 路基边坡修正

(1) 表现形式

常见的有边坡塌方、边坡冲沟、边坡防护体滑落，如图2-49～图2-51所示。

图2-49　路基边坡塌方　　　　图2-50　路基边坡冲沟

图2-51　路基边坡防护体滑落

(2) 形成原因

①路基边坍方是最常见边坡病害之一，也是水毁普遍现象。按照破坏规模

与原因不同，路基边坡坍方分为剥落、碎落、滑坍、崩坍及坍塌等。

②多发生在汇水集中区或高填路段，诱发原因有急流槽位置或间距设置不妥；边坡压实度不足；防护形式不妥（多为分散排水时）；边坡土质不良等原因。

③防护体滑落诱发原因有水毁；圬工砌筑质量不符合要求；勾缝不密；未设粗砂滤层或泄水孔；坡脚支撑不稳。

（3）应对措施

路基边坡修整时，应自上而下进行。填方路基边坡受雨水冲刷形成冲沟或坍塌缺口时，应自上而下，分层挖台阶加宽补填夯实，再按设计坡面削坡，弯道内侧路肩边缘，应修建路肩拦水带，在整修路堤边坡表面过程中，还应将其两侧的超宽切除。如遇边坡缺土时，应分层补填夯实。

2.8 路基重点工程监测与观测

1. 软基工程观测

①沉降与稳定观测的适用方法和范围见表 2-9。

表 2-9 沉降与稳定观测的适用方法和范围

观测项目	仪表名称	观测目的
地表沉降观测	地表型沉降计（沉降盘）	用于沉降管理。根据测定数据调整填土速率；预测沉降趋势，确定等载预压卸载时间；提供施工期间沉降土方量的计算依据
地表水平位移及隆起量	地表水平位移桩（位移边桩）	用于稳定管理。检测地表水平位移及隆起情况，以确保路堤施工的安全与稳定
地下土体分层水平位移量	地下水平位移计（测斜管）	用于稳定管理与研究。用以掌握分层位移量，推定土体剪切破坏的位置，软土指标较差、填土较高、填方路基在施工过程中易失稳时采用

②观测点的设置如图 2-52 所示。观测点的位置、数量及埋设按设计要求。

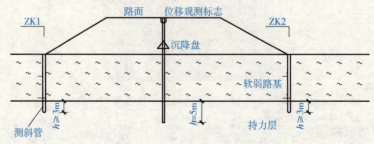

图 2-52 软基处理观测点的设置

③在施工期间应严格按设计要求同步进行沉降和稳定的跟踪观测。观测资料应及时收集整理和汇总分析，以指导施工和提供相关单位的评估依据。

2. 路堑边坡或滑坡监测

①边坡监测方法，见表 2-10。

表 2-10 边坡监测方法

观测项目	监测方法	监测目的
地表沉降量	全站仪、光电测距仪	观测地表位移、变形发展情况
	水准仪	
	标桩、直尺或裂缝计	观测裂缝发展情况
地下位移监测	测斜仪	探测相对于稳定地层的地下岩体位移，证实和确定正在发生位移的构造特征，确定潜在滑动面深度，判断主滑方面，定量分析评价边（滑）坡的稳定状况，评判边（滑）坡加固工程效果
地下水位监测	人工测量	观测地下水位变化与降雨关系，评判边坡排水措施的有效性
支挡结构变形、应力	测斜仪、分层沉降仪、压力盒、钢筋应力计	支挡构造物岩土体的变形观测，支挡构造物与岩土体间接触压力观测

②观测点的位置、数量及埋设按设计要求。

③在施工期间应严格按设计要求同步进行沉降和稳定的跟踪观测。在观测过程中，如出现异常情况，应立即进行检查，处理完毕后，方能继续观测。观测资料应及时收集整理和汇总分析，以指导施工和提供相关单位的评估依据。

3. 高路堤稳定和沉降观测

①高路堤检测方法，见表 2-11。

表 2-11 高路堤检测方法

观测项目	仪表名称	观测目的
地表水平位移量及隆起量	地表水平位移桩（边桩）	用于稳定监控，确保路堤施工安全和稳定
地下土体分层水平位移量	地下水平位移计（测斜管）	用于稳定监控和研究，掌握分层位移量，推定土体剪切破坏位置，必要时采用
路堤顶沉降量	地表型沉降计（沉降板或桩）	用于工后沉降监控，预测工后沉降趋势，确定路面施工时间

②观测点的设置如图 2-53 和图 2-54 所示,数量及埋设按设计或合同文件要求。

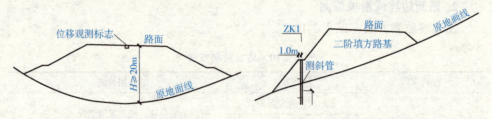

图 2-53　高填方路基位移观测埋设　　　　图 2-54　高填方路基测斜管埋设位置

③在施工期间应严格按设计要求同步进行沉降和稳定的跟踪观测。在观测过程中,如出现异常情况,应立即进行检查,处理完毕后,方能继续观测。观测成果应及时整理,将作为工程验收的资料归档。

4. 预应力锚固工程

①预应力锚固监测,见表 2-12。

表 2-12　预应力锚固监测

预应力锚杆工作阶段	监测内容		监测项目
施工阶段	锚杆体	锚杆工作状态及锚杆的施工质量	锚杆张拉力;锚杆伸长值;预应力损失
	锚固对象	加固效果	被锚固体的位移及变化
工程运营阶段	锚杆体	锚杆的工作状态	预应力值变化
	锚固对象	锚固工程安全状况	被锚固体的位移及变化

②观测点的位置、数量及埋设按设计要求。

③一般情况下,锚杆张拉锁定后第一个月内每日观测一次;2~3 个月内每周观测一次;4~6 个月内每月观测 3 次;7 个月~1 年内每月观测两次;1 年以后每月观测一次。在观测过程中,如出现异常情况,应立即进行检查,处理完毕后,方能继续观测。观测成果及时整理,第一年内的观测成果将作为工程验收的资料。

5. 坡体位移监测

在路堑高边坡防护加固工程施工过程中,一般都要求对其坡体进行变形控制与监测,以便进行动态设计和确保施工安全,以检验工程效果。高边坡的坡体位移监测方法一般可分为简易观测法和专业仪器监测法。对于一般的高边坡均要求实施简易观测,简易观测由施工单位现场技术人员负责完成;对于重点复杂的路堑高边坡或滑坡病害除要求采用简易观测外，还必须对其坡体变形进行专业仪器监测，专业仪器监测采用钻孔测斜仪监测，要求委托专业单位承担。坡体深部位移监测期限一般一年以上，其监测周期为每月一次，雨季或坡体变形较大等特殊情况应加密监测，遇有坡体变形不稳定应延长监测期限，直至坡体稳定、变形终止或在安全的限值范围内。

第3章 路面施工常见问题及应对措施

3.1 路面基层（底基层）施工

在路面结构中，将直接位于路面面层之下的主要承重层称为基层，铺筑在基层下的次要承重层称为底基层，但一般常将两者统称为基层。基层承受由面层传递而来的行车荷载垂直作用，抵御环境因素的影响，是构成路面整体强度的主要组成部分。

3.1.1 底基层厚度不足

1. 表现形式

检测发现底基层厚度不满足设计要求，如图3-1所示。

图3-1 控制底基层松铺的厚度

2. 形成原因与应对措施

底基层厚度不足的形成原因与应对措施见表3-1。

表3-1 底基层厚度不足的形成原因与应对措施

项目	内容
形成原因	①路床顶面高程正偏差超出设计要求。 ②施工过程中松铺厚度控制不严。 ③底基层顶高程负偏差超出设计要求

第3章 路面施工常见问题及应对措施

（续）

项目	内容
应对措施	①要严格控制路床顶面高程。 ②保证底基层的松铺厚度，加强施工过程检查

3.1.2 混合料拌和不均匀

1. 表现形式

①检测结果为灰剂量不均匀，成型路段色差较大。

②底基层底部存在素土层，无强度。

③表面形成较多土饼、内部形成素土夹层，如图3-2所示。

④运用方格控制粉煤灰的用量，并均匀地摊铺在地面上并压实，如图3-3和图3-4所示。

图3-2 素土夹层

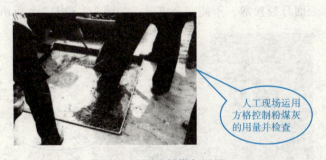

图3-3 测量粉煤灰用量

图3-4 均匀压实

2. 形成原因与应对措施

混合料拌和不均匀的形成原因与应对措施见表3-2。

表3-2 混合料拌和不均匀的形成原因与应对措施

项目	内容
形成原因	①未打方格布灰，或打方格布灰未摊平。 ②路拌深度不足、不均匀。 ③土块未打碎，最大颗粒尺寸大于15mm
应对措施	①打方格人工布灰，均匀摊平、均匀路拌。 ②混合料路拌深度必须拌和至侵入下层表面5~10mm。 ③土块应打碎至最大颗粒尺寸不大于15mm

3.1.3 底基层表面起皮、松散

1. 表现形式

①成形段落局部底基层表面起皮、起壳，如图3-5和图3-6所示。

②底基层表面开裂松散，不能完全成形，如图3-7和图3-8所示。

图3-5 起皮

图3-6 起壳

第 3 章 路面施工常见问题及应对措施

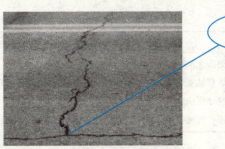

图 3-7 开裂

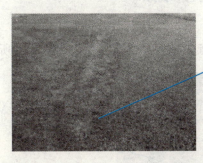

图 3-8 松散

③底基层薄膜覆盖养生，如图 3-9 所示。

图 3-9 薄膜覆盖养生

2. 形成原因与应对措施

底基层表面起皮、松散的形成原因与应对措施见表 3-3。

表 3-3 底基层表面起皮、松散的形成原因与应对措施

项目	内容
形成原因	①碾压含水率控制不严格，压实机具选择不合理。 ②养生措施不到位，过早开放交通。 ③底基层松铺厚度不足，贴补薄层施工

(续)

项目	内容
应对措施	①严格控制碾压含水率。 ②按施工指导意见要求,采用塑料薄膜覆盖养生,养生期间禁止车辆通行。 ③严格控制底基层松铺厚度,杜绝贴补薄层施工。 ④首先用履带式机械碾压,再用轻型压路机碾压,最后用重型压路机碾压

3.1.4 底基层表面出现"弹簧"现象

1. 表现形式

①碾压过程中表面发生"弹簧"现象,无法压实,如图3-10所示。

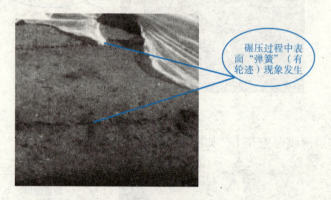

图3-10 表面"弹簧"(有轮迹)

②碾压过程中应按照先轻后重的程序一步步压实,如图3-11所示。

图3-11 按碾压的程序压实

2. 形成原因与应对措施

底基层表面出现"弹簧"现象的形成原因与应对措施见表3-4。

表 3-4　底基层表面出现"弹簧"现象的形成原因与应对措施

项目	内容
形成原因	①碾压含水率偏大。 ②碾压程序未按先轻后重的原则
应对措施	①含水率宜控制在与最佳含水率相差 1%~2% 内。 ②应按先轻后重的碾压程序逐步压实

3.1.5　石灰、粉煤灰掺加量不足

1. 表现形式

①底基层检测结果单点压实度明显偏高。
②无侧限抗压强度室内试验检测结果不合格。

2. 形成原因与应对措施

石灰、粉煤灰掺加量不足的形成原因与应对措施见表 3-5。

表 3-5　石灰、粉煤灰掺加量不足的形成原因与应对措施

项目	内容
形成原因	①石灰、粉煤灰质量较差，有效成分含量偏低。 ②石灰、粉煤灰掺量不足
应对措施	①加强过程检查，确保石灰与粉煤灰性能满足规定要求。 ②严格控制石灰与粉煤灰的掺量

3.1.6　板体性不好、芯样强度偏低

1. 表现形式

取芯时芯样不完整、芯样强度偏低。

2. 形成原因与应对措施

板体性不好、芯样强度偏低的形成原因与应对措施见表 3-6。

表 3-6　板体性不好、芯样强度偏低的形成原因与应对措施

项目	内容
形成原因	①石灰、粉煤灰质量差或掺加量不足，碾压含水率控制不严格。 ②碾压时机控制不当。 ③拌和不均匀、拌和深度不足。 ④养生不规范

项目	内容
应对措施	①保证石灰、粉煤灰的质量,严格控制石灰、粉煤灰的掺量和碾压含水率。 ②根据作业能力确定合适的作业面长度,在规定时间内碾压成型。 ③保证混合料的拌和深度与拌和均匀性。 ④按施工指导意见要求,采用薄膜覆盖养生,养生期间禁止车辆通行

3.1.7 底基层表面"放炮"现象

1. 表现形式

底基层成型段表面呈局部隆起、"放炮"现象。

2. 形成原因与应对措施

底基层表面"放炮"现象的形成原因与应对措施见表3-7。

表3-7 底基层表面"放炮"现象的形成原因与应对措施

项目	内容
形成原因	①石灰未充分消解。 ②粉煤灰 SO_3 含量超标
应对措施	①生石灰应充分消解,通过10mm筛后才能使用。 ②粉煤灰 SO_3 含量应符合规定要求

3.2 沥青路面施工

沥青路面是位于路面基层上最重要的路面结构层之一,它直接承受车轮荷载和大气自然因素的作用,应具有平整、坚实、耐久及抗车辙、抗裂、抗滑、抗水害等多方面的综合性能。沥青路面施工质量的好坏,直接影响到公路的设计使用寿命及行车安全问题,沥青路面常见质量通病、形成原因及防治措施如下。

3.2.1 沥青路面面层离析、平整度、车辙

1. 沥青路面面层离析

(1)表现形式

沥青路面面层离析是指沥青混合料中粗颗粒与细集料分离的现象,如图3-12所示。

图 3-12 沥青面层骨料离析

（2）形成原因与应对措施

沥青路面面层离析现象的形成原因与应对措施见表 3-8。

表 3-8 沥青路面面层离析现象的形成原因与应对措施

项目	内容
形成原因	①混合料集料公称最大粒径与铺面厚度之间比例不匹配。 ②沥青混合料质量不佳。 ③沥青混合料拌和不均匀，运输中发生离析。 ④摊铺机工作状况不佳，未采用两台摊铺机
应对措施	①适当选择小一级集料公称最大粒径的沥青混合料，确保与铺面厚度相适应。 ②适当调整生产配合比矿料级配，使稍粗集料接近级配范围上限，较细集料接近级配范围下限。 ③运料装料时应至少分三次装料，避免形成一个锥体使粗集料滚落锥底。 ④摊铺机调整到最佳状态，熨平板前料门开度应与集料最大粒径相适应，螺旋布料器上混合料的高度应基本一致，料面应高出螺旋布料器 2/3 以上

2. 沥青面层的平整度

（1）表现形式

检测平整度指标结果是否合格，如图 3-13 所示。

图 3-13 沥青路面平整度的检测

（2）形成原因与应对措施

沥青面层不平整现象的形成原因与应对措施见表3-9。

表3-9 沥青面层不平整现象的形成原因与应对措施

项目	内容
形成原因	①摊铺机及找平装置未调整好致使松铺面不平整。 ②摊铺过程中停车待料。 ③运料车倒退卸料撞击摊铺机。 ④下承层平整度很差
应对措施	①仔细设置和调整，使摊铺机及找平装置处于良好的工作状态，并根据试铺效果进行随时调整。 ②施工过程中摊铺机前方应有运料车在等候卸料，确保摊铺过程连续、均匀地进行，不得中途停顿，不得时快时慢，做到每天摊铺仅在收工时才停工。 ③路面各个结构层施工，均应严格控制好各层的平整度

3. 沥青面层的车辙

（1）表现形式

沥青面层的车辙现象，如图3-14所示。

图3-14 沥青面层的车辙现象

（2）形成原因与应对措施

沥青面层的车辙现象的形成原因与应对措施见表3-10。

表3-10 沥青面层的车辙现象的形成原因与应对措施

项目	内容
形成原因	①沥青中蜡含量偏高，热稳定性差。 ②沥青混合料级配偏细，粗骨料处于悬浮状态
应对措施	①改善沥青混合料级配，采用较多的粗骨料。 ②采用改性沥青提高沥青的高温性能

3.2.2 沥青面层上的油斑和污染

1. 沥青面层上的油斑

(1) 表现形式

沥青面层表面出现油斑,如图 3-15 所示。

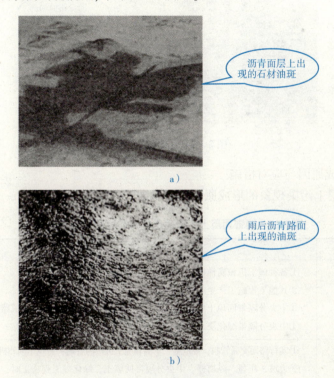

a)

b)

图 3-15　沥青面层表面出现油斑

(2) 形成原因与应对措施

沥青面层上的油斑现象的形成原因与应对措施见表 3-11。

表 3-11　沥青面层上的油斑现象的形成原因与应对措施

项目	内容
形成原因	①木质纤维结团,细集料集聚。 ②熨平板边角集聚沥青,到一定程度后掉落
应对措施	①木质纤维的保管、存放、运输过程中均不得受潮。 ②保证混合料的拌和时间,减少混合料离析现象的发生。 ③安排专人跟踪观测,及时清理

2. 沥青面层上的污染

（1）表现形式

沥青面层抛洒滴漏泥土、杂物等污染，如图3-16所示。

图3-16　沥青面层污染

（2）形成原因与应对措施

沥青面层上污染现象的形成原因与应对措施见表3-12。

表3-12　沥青面层上污染现象的形成原因与应对措施

项目	内容
形成原因	①各种施工机械滴油撒料，造成路面污染。 ②其他工程施工产生的砂浆污染。 ③中央分隔带回填土或进行绿化工程时，将土撒落到路面上造成路面污染。 ④中央分隔带绿化浇水产生泥水污染
应对措施	①实行路面交通管制，规范施工车辆和施工机械的管理，避免车辆和机械滴油撒料。 ②边坡、压顶、隔离栅、中央分隔带回填土、绿化等工程施工时，避免在沥青路面面层进行施工操作，必要时应在沥青路面面层上垫彩条布隔离。 ③中央分隔带浇水应采用喷淋方式；路缘石内侧土边缘应低于路缘石顶面不少于5cm

3.2.3　沥青面层横纵向裂缝

1. 表现形式

①横向裂缝与路中心线基本垂直，缝宽不一。
②横向裂缝弯弯曲曲、有枝有叉。
③纵向裂缝基本与行车方向平行，裂缝长度和宽度不一。
④纵向裂缝容易沿行车方向形成台阶状，影响行车舒适性。

路面局部出现横纵向裂缝的现象，如图3-17所示。

第 3 章　路面施工常见问题及应对措施

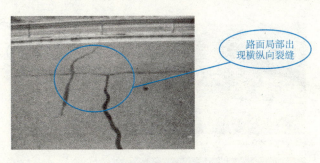

图 3-17　横纵向裂缝

2. 形成原因与应对措施

沥青面层横纵向裂缝现象的形成原因与应对措施见表 3-13。

表 3-13　沥青面层横纵向裂缝现象的形成原因与应对措施

项目	内容
形成原因	①基层开裂传递到沥青面层。 ②基层开挖沟槽埋设管线。 ③通道沉降缝、搭板尾部与基层结合部产生不均匀沉降。 ④下承层顶面未清扫干净，有浮料或污染，沥青混凝土在碾压时产生推移形成横向裂缝。 ⑤终压时沥青混合料温度偏低，沥青粘结力下降，碾压时的推力产生碾压裂缝。 ⑥地基沉降不均匀引起路基面层纵向开裂。 ⑦路基填筑使用了不合格填料（如膨胀土），路基吸水膨胀引起路面开裂
应对措施	①基层施工时严格控制配合比和压实度，加强养护工作，采取防裂措施，减少基层横向开裂。 ②严格控制沟槽、结构物、台背的路基回填质量，回填时应挖好台阶分层压实。基层开裂处、桥头搭板尾部和通道沉降缝处顶面铺设玻璃纤维网，以降低对面层的影响，减少面层的横向裂缝。 ③在沥青混凝土摊铺前，下承层顶面必须清理干净。 ④严格控制终压时的沥青混凝土温度，及时碾压。 ⑤加固地基，使用合格填料填筑路基或对填料进行处理后再填筑路基。 ⑥在裂缝两边各挖除一定宽度基层，采用厚度不小于 20cm 的钢筋混凝土补平基层的措施进行处理，其上加铺玻璃纤维网处治，再铺筑沥青面层

3.2.4　沥青面层空隙和混合料油石比不合格

1. 沥青面层空隙不合格

（1）表现形式

沥青面层空隙会出现不合格的现象，如图 3-18 所示。

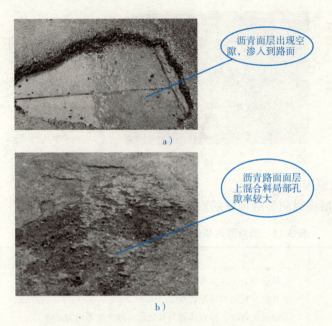

图 3-18 沥青面层空隙会出现不合格的现象

（2）形成原因与应对措施

沥青面层空隙不合格现象的形成原因与应对措施见表 3-14。

表 3-14 沥青面层空隙不合格现象的形成原因与应对措施

项目	内容
形成原因	①马歇尔试验孔隙率偏大或偏小。 ②压实度未控制在规定的范围内。 ③混合料中细集料含量偏低。 ④油石比控制较差
应对措施	①在沥青拌和站的热料仓口取集料筛分，以确保沥青混合料矿料级配符合规定。 ②确保油石比在规定的误差范围内。 ③控制碾压温度在规定范围内。 ④选用规定要求的压路机，控制碾压遍数。 ⑤严格控制压实度

2. 沥青混合料油石比不合格

（1）表现形式

油石比、粉胶比、残留稳定度、矿料级配等混合料指标出现不合格，如图 3-19 所示。

图 3-19 沥青混合料油石比不合格

(2) 形成原因与应对措施

沥青混合料油石比不合格现象的形成原因与应对措施见表 3-15。

表 3-15 沥青混合料油石比不合格现象的形成原因与应对措施

项目	内容
形成原因	①实际配合比与生产配合比偏差过大。 ②混合料中细集料含量偏高。 ③拌和楼沥青称量计误差过大。 ④承包商设定拌和楼油石比时采用生产配比误差下限值。 ⑤油石比试验误差过大
应对措施	①保证石料的质量均匀性。 ②对拌和楼沥青称量计进行检查标定,并取得计量认证。 ③调整生产配合比,确保油石比在规定范围内。 ④按试验规程认真进行油石比试验。 ⑤保证吸尘装置工作正常和矿料沥青用量的准确。 ⑥将每日沥青、集料和矿料用量进行计算,验证油石比是否满足要求

3.2.5 沥青面层压实厚度不均匀或不合格

1. 表现形式

①厚度检测结果不满足要求,厚度不均匀、离散性较大,如图 3-20 所示。

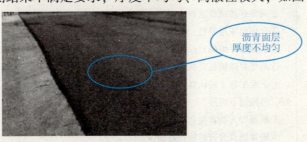

图 3-20 沥青面层厚度不均匀

②压实度检测结果不合格,如图 3-21 所示。

图 3-21 检测压实度

2. 形成原因与应对措施

沥青面层压实度不均匀现象的形成原因与应对措施见表 3-16。

表 3-16 沥青面层压实度不均匀现象的形成原因与应对措施

项目	内容
形成原因	①装卸、摊铺过程中所导致的沥青混合料离析,局部混合料温度过低。 ②碾压混乱,压路机台数不够,导致局部漏压。 ③辗压温度不均匀。 ④试铺时未认真确定好松铺系数。 ⑤施工时未根据每天检测结果对松铺厚度进行调整。 ⑥摊铺机或找平装置未调整好。 ⑦基层标高超标。 ⑧沥青混合料级配差。 ⑨沥青混合料碾压温度不够。 ⑩压路机质量小,压实遍数不够。 ⑪压路机未碾压至边缘。 ⑫标准密度不准
应对措施	①运料车在装料过程中应前后移动,运输过程中应覆盖保温。 ②调整好摊铺机送料的高度,使布料器内混合料饱满齐平。 ③合理组织压路机,确保压轮的重叠和压实遍数。 ④试铺时仔细确定松铺系数,每天施工中根据实际检测情况进行调整。 ⑤调整好摊铺机及找平装置的工作状态。 ⑥下面层施工前认真检查下封层标高,基层超标部分应刮除部分基层,补好下封层,再摊铺下面层。 ⑦根据每天沥青混合料摊铺总量检查摊铺厚度,并进行调整。 ⑧确保沥青混合料的良好级配

(续)

项目	内容
应对措施	⑨选用符合要求质量的压路机压实，压实遍数符合规定。 ⑩当采用埋置式路缘石时，路缘石应在沥青面层施工前安装完毕，压路机应从外侧向中心碾压，且紧靠路缘石碾压；当采用铺筑式路缘石时，可用耙子将边缘的混合料稍稍耙高，然后将压路机的外侧轮伸出边缘10cm左右碾压，也可在边缘先空出宽30~40cm，待压完第一遍后，将压路机大部分重量位于压实过的混合料面上再压边缘，减少边缘向外推移。 ⑪严格进行马歇尔试验，保证马歇尔标准密度的准确性

3.2.6 沥青面层施工中集料堆放不规范

1. 表现形式

①场地未硬化处理或硬化处理不到位。
②集料堆放场地积水，如图3-22所示。

图3-22 集料堆放场地积水

③集料堆放场地有混料现象，如图3-23所示。

图3-23 混料

④堆料标识不清或未标识，如图3-24所示。
⑤细集料无防雨大棚，应设置钢结构防雨大棚，如图3-25所示。

图 3-24　堆料无标识

（堆料没有标识，随处堆放）

图 3-25　防雨大棚

（搭建的防雨大棚）

⑥集料二次污染。

2. 形成原因与应对措施

沥青面层施工中集料堆放不规范现象的形成原因与应对措施见表 3-17。

表 3-17　沥青面层施工中集料堆放不规范现象的形成原因与应对措施

项目	内容
形成原因	①硬化面积不足，硬化地坪强度达不到要求。 ②地坪未设置横坡或坡度小于 1%，场地发生沉降，排水不畅。 ③隔墙高度不足，局部分隔不到位。 ④细集料堆放场地未设置钢结构防雨大棚，或防雨大棚覆盖面积未达到料堆面积。 ⑤拌和生产过程中未及时洒水降尘，每天施工结束未及时清理堆料场地
应对措施	①施工单位应按报批要求的面积设置料场。 ②集料堆场地坪必须硬化，且铺装厚度不小于 10cm 的碎石基层加不小于 10cm 的 C25 级水泥混凝土面层。 ③地坪应设置大于 1% 的横坡，并设置碎石盲沟等加强排水。 ④根据施工组织，合理安排集料进场数量，限制料堆高度（宜不超过 4m）。 ⑤细集料应设置钢结构防雨大棚。 ⑥生产过程中应及时洒水降尘；每日施工结束应清理料场

3.2.7 沥青混合料过程中的问题

1. 沥青混合料运输过程中的问题

(1) 表现形式
①到场温度偏低。
②混合料运输过程中发生离析。
③混合料及下承层被运料车污染,如图 3-26 所示。

图 3-26　路面被运料车污染

(2) 形成原因与应对措施
沥青混合料运输过程中的问题的形成原因与应对措施见表 3-18。

表 3-18　沥青混合料运输过程中的问题的形成原因与应对措施

项目	内容
形成原因	①运料车未覆盖或覆盖面积不满足要求,车厢侧板未加保温层。 ②运料车到达现场等待时间较长。 ③装料不符合施工指导意见要求。 ④运料车车厢及车轮未清理干净
应对措施	①加强混合料温度检测,按施工指导意见要求进行覆盖,车厢两侧板应加保温层。 ②根据施工情况合理进行施工组织。 ③装料过程中,汽车应前后移动,分堆装料。 ④运料车应及时清理,并保证运料车车况完好

2. 沥青混合料碾压过程中的问题

(1) 表现形式
①碾压组合混乱、漏压,随意改变碾压速度。
②碾压过程中有粘轮现象,钢轮压路机喷水量过多,如图 3-27 所示。
③外露粗集料颗粒表面的沥青膜被洗去,如图 3-28 所示。
检测沥青混合料是否合格,如图 3-29 所示。

图 3-27　压路机进入初压区碾压（碾压过程中有黏轮现象）

图 3-28　集料的表面沥青膜被洗去（外露的粗集料颗粒表面的沥青膜被洗去）

图 3-29　检测沥青混合料是否合格（工人在检测沥青混合料是否合格）

（2）形成原因与应对措施

沥青混合料碾压过程中的问题的形成原因与应对措施见表 3-19。

表 3-19　沥青混合料碾压过程中的问题的形成原因与应对措施

项目	内容
形成原因	①混合料粉尘含量过高，砂当量不合格。 ②矿粉亲水系数不合格。 ③沥青用量偏低。 ④小于 0.075mm 部分混合料与沥青用量的比例超标。 ⑤试验方法不规范

(续)

项目	内容
应对措施	①选用合格的原材料进行施工。 ②严格控制好沥青用量,确保油石比符合要求。 ③规范油石比检测试验操作方法

3. 沥青混合料摊铺过程中的问题

(1) 表现形式

①运料车撞击摊铺机,料车位置偏离摊铺机受料斗,如图 3-30 所示。

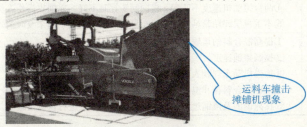

图 3-30 运料车撞击摊铺机

②停机待料,如图 3-31 所示。

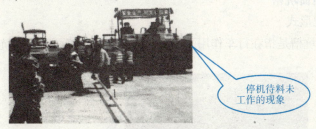

图 3-31 停机待料

③摊铺过程温度不符合要求,如图 3-32 所示。

图 3-32 摊铺过程温度不符合要求

④两台以上摊铺机组合施工时,间距过大,纵向施工缝搭接宽度不足,螺旋布料器内混合料过少。

⑤摊铺机拢料频繁。

⑥下承层清理不到位。

(2) 形成原因与应对措施

沥青混合料摊铺过程中的问题的形成原因与应对措施见表3-20。

表3-20 沥青混合料摊铺过程中的问题的形成原因与应对措施

项目	内容
形成原因	①驾驶人员未按规定倒车、停车。 ②后场混合料产量不足，运力不足，摊铺速度过快。 ③拌和温度偏低，运距过长，运料车覆盖不规范。 ④两台摊铺机速度不匹配，横向间距控制不好，摊铺机操作人员操作不规范。 ⑤不重视层间贴紧粘结，运料车抛洒滴漏及其他杂物未及时清除
应对措施	①提高混合料的运输能力。 ②控制摊铺速度。 ③加强机动车驾驶人员培训，规范操作。 ④保证混合料拌和温度，加强运料车覆盖。 ⑤在摊铺前及摊铺过程中，组织人员对下承层进行认真清理

3.2.8 沥青路面坑槽和压实度不合格、渗水系数超出要求

1. 沥青路面坑槽

(1) 表现形式

沥青路面坑槽是指在行车作用下，路面骨料局部脱落而产生的坑槽，如图3-33所示。

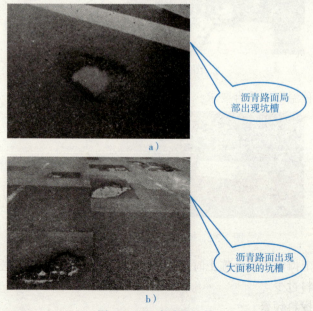

图3-33 沥青路面坑槽

(2) 形成原因与应对措施

沥青路面坑槽的形成原因与应对措施见表 3-21。

表 3-21 沥青路面坑槽的形成原因与应对措施

项目	内容
形成原因	①沥青路面施工孔隙率大，在投入使用后会出现透水现象，是路面形成坑槽的诱因之一。 ②路基强度不足或因轻微病害没有得到及时处理，造成局部发生网裂、松散，在交通荷载、雨水等作用下形成坑槽。 ③车辆或其他机械设备滴油漏油（柴油是沥青的溶剂）导致侵蚀沥青路面，或因局部沥青老化、脱落，使沥青混合料离析，沥青膜剥落，造成路面局部松散，进而出现坑槽。 ④沥青混凝土层与基层之间局部出现隔离（干扰）层，由于基层局部的浮土、浮浆清扫不干净，施工过程中局部产生隔离层，如果相对应位置的沥青混凝土层漏水，就会形成泥浆包，导致路面的抗剪能力和抗压强度都达不到设计要求，在车辆压力的反复作用下就会导致泥浆喷涌出来形成坑槽
应对措施	①坑槽修补必须"圆洞方补""斜洞正补"，即坑槽应修补成矩形。 ②修补面积必须大于病害实际面积，修补范围应在病害面积范围以外各边外扩至少 5cm。 ③修补范围的轮廓线应与路面中心线平行或垂直

2. 沥青面层压实度不合格

（1）表现形式

压实度检测结果不合格，如图 3-34 所示。

图 3-34 沥青面层压实度不合格

（2）形成原因与应对措施

沥青面层压实度不合格的形成原因与应对措施见表 3-22。

表 3-22　沥青面层压实度不合格的形成原因与应对措施

项目	内容
形成原因	①沥青混合料碾压温度不够或辗压温度不均匀。 ②压路机数量不够、压路机规格小、压实遍数不够、碾压混乱、局部漏压。 ③沥青混合料离析或矿料级配波动过大
应对措施	①做好保温措施，确保沥青混合料碾压温度不低于规定要求。 ②压路机数量、吨位与路面结构匹配，压实工艺符合规定。 ③紧靠路缘石碾压，保证边缘压实质量。 ④减少沥青混合料离析现象，避免矿料级配出现较大波动

3. 沥青面层渗水系数超出要求

（1）表现形式

沥青面层渗水系数检测合格率低于施工指导意见要求，如图 3-35 所示。

图 3-35　沥青面层渗水系数的检测

（2）形成原因与应对措施

沥青面层渗水系数超出要求的形成原因与应对措施见表 3-23。

表 3-23　沥青面层渗水系数超出要求的形成原因与应对措施

项目	内容
形成原因	①沥青面层混合料离析，局部孔隙率偏大。 ②沥青混合料碾压温度不够，碾压设备组合、压实功率不足。 ③初压钢轮压路机喷水量过多
应对措施	①做好保温措施，确保沥青混合料碾压温度不低于规定要求。 ②压路机数量、规格与路面结构匹配，压实工艺符合规定。 ③使摊铺机始终处于最佳状态、减少拢料等，以减少沥青混合料离析现象的发生。 ④初压钢轮压路机喷水应呈雾状，不应呈水流状，面层表面不应留有水迹和足印

3.2.9 沥青上面层抗滑性能不符合要求、路面松散掉渣

1. 沥青上面层抗滑性能不符合要求

（1）表现形式

沥青上面层摩擦系数或构造深度指标值不合格，如图3-36所示。

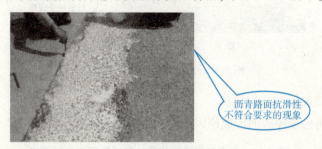

图3-36 检测沥青面层抗滑性能

（2）形成原因与应对措施

沥青上面层抗滑性能不符合要求的形成原因与应对措施见表3-24。

表3-24 沥青上面层抗滑性能不符合要求的形成原因与应对措施

项目	内容
形成原因	①沥青混合料离析或矿料级配波动过大。 ②面层压实工艺控制不当，存在过压超密现象
应对措施	①控制矿料级配及沥青用量。 ②按施工工艺要求施工，压路机数量、规格与路面结构匹配，不超压

2. 沥青路面松散掉渣

（1）表现形式

路面施工完成后，局部或大部分表层未能碾压密实，呈"睁眼"或松散状态，开放交通后，有掉渣现象，严重时出现坑洞，如图3-37所示。

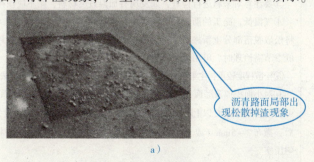

a)

图3-37 沥青路面松散掉渣

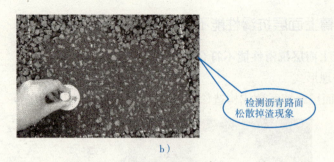

b)

图 3-37 沥青路面松散掉渣（续）

（2）形成原因与应对措施

沥青路面松散掉渣的形成原因与应对措施见表 3-25。

表 3-25 沥青路面松散掉渣的形成原因与应对措施

项目	内容
形成原因	①常温季节由于沥青混合料在运输途中时间过长，未加保温或到工地后堆放时间过长；北方冬季施工，未坚持"三快"（快卸、快铺、快压）或运输保温不好，沥青温度低于摊铺和碾压温度，或找补过晚，找补的沥青混合料粘结不牢。 ②沥青混合料炒制过火（烧焦），沥青结合料失去粘结力。 ③沥青混合料的集料潮湿或含泥量大，使矿料与沥青粘结不牢，或冒雨摊铺，沥青粘结力下降造成松散。 ④沥青混合料油石比偏低，细料少，人工摊铺搂平时粗料集中，表面不均匀，呈"睁眼"状，或跟随碾压刷滴洒路面，破坏沥青粘聚矿料作用而掉渣、脱落。 ⑤低温季节施工，路面成型较慢或成型不好，在行车作用下，嵌缝料脱落，轻则掉渣，重则松散、脱落
应对措施	①要掌握和控制好三个阶段的温度，并应有测温记录。 ②沥青混合料是热操作材料，应做到（特别是冬季尤应做到）快卸、快铺、快压的"三快"方法，当测定地表温度低于5℃时，停止摊铺。 ③要注意对来料进行检查，如发现有加温过度材料，则不应该摊铺。 ④气温低，施工的沥青混合料面层有松散但不扩大的情况时，可在气温上升后，将松散脱落部分重新摊铺压实，如细矿料有散失，则应采用喷油封面处理，气温较低季节需治理时，可用乳化沥青封面。 ⑤松散程度较重，主集料或面层的下层仍属于稳定时，可采用封面法将松散部分封住。 ⑥对小面积掉渣磨面，可局部薄喷一层沥青，撒料后压实；大面积掉渣麻面路段，可在气温升到10℃以上时，清扫干净，做局部喷油封面（沥青用量为 0.8~1.0kg/m²）后，撒布 3~5mm（或 5~8mm）厚石屑或粗砂（每1000m² 用料 5~8mm³）并扫匀压实

3.3 热拌沥青混合料面层

热拌沥青混合料面层适用于各种等级公路，高速公路和一级公路沥青面层的上面层、中面层及下面层应采用沥青混凝土混合料铺筑，沥青碎石混合料仅适用于过渡层及整平层。其他等级公路的沥青面层上面层宜采用沥青混凝土混合料铺筑。

3.3.1 热拌沥青混合料

1. 表现形式

①混合料出现"花白料"、离析和团块现象，如图 3-38 所示。

图 3-38　混合料出现"花白料"

②混合料冒出蓝烟、白烟，如图 3-39 所示。

图 3-39　混合料出现白烟

③混合料"发亮"、粘车、干散、枯焦。

2. 形成原因与应对措施

热拌沥青混合料病害现象的形成原因与应对措施见表 3-26。

表 3-26　热拌沥青混合料病害现象的形成原因与应对措施

项目	内容
形成原因	①外观质量出现"花白料"可能是由于拌和不均匀、拌和时间不够、沥青用量不足、沥青与集料的温度偏低。 ②离析可能是由于沥青用量不足、粗集料的用量和级配有问题或者拌和时间不足。 ③团块主要是由于沥青和矿粉用量过多，也可能是由于沥青温度过低。 ④蓝烟表示混合料温度可能偏高；白烟是蒸汽，表明集料烘干不足。 ⑤油多则"发亮"、粘车，油少则干散，过火则枯焦。 ⑥混合料出厂温度过高或过低，主要是由于集料烘干、加热的燃料过量，使集料温度过高，或者是温控系统失灵，也可能是检测使用的温度计有问题。 ⑦拌和方面主要是由于称量装置精度有问题，可能是沥青称量不准，也可能是矿料称量不准。 ⑧试验方面可能是由于矿料上的沥青经多次冲洗仍不能完全冲洗干净，使测出的油石比较实际偏小；抽提仪局部密封不严，造成部分矿粉散失或泄漏，使测出的油石比较实际偏大。 ⑨矿料级配不符合要求主要是由于矿料称量不准，也可能是由于筛网损坏、热料仓分隔不严或溢料管堵塞等出现"混仓"所致，还可能是由于冷集料的级配和输送比例有问题
应对措施	①外观目测检查一般在运输车装料过程中进行。 ②发现问题后应视严重程度确定该批混合料能否使用，同时将信息反馈给有关人员，针对具体情况采取相应对策措施，消除所出现的问题。 ③严格控制粗集料进厂关，在生产过程中，坚持跟踪检测，随时根据集料的筛分情况，及时调整生产配合比及矿料级配。 ④严格控制拌和厂的称量、计量系统，拌和的时间以及温度、湿度量测、监控系统。 ⑤当运输车装满混合料后，应由有关人员检测混合料的温度，测温位置应距车厢15cm 以内，使用的温度计应该有足够的精度和耐久性，一般以半导体点温计为好，每车至少检测一处，每天开始的头几盘料更要加强检查。 ⑥适当减少燃料，将集料温度控制在允许范围内，校验拌和楼的温控系统和测温用的温度计，使精度符合要求。 ⑦通过抽提试验检验油石比是否符合要求。 ⑧针对具体情况采取相应措施，使纠正后试验得到的油石比符合要求。 ⑨用抽提后的矿料试样，按规定的试验方法和步骤进行筛分，以其结果与标准配合比确定的矿料级配加减各级筛孔的允许偏差进行比较，并针对性调整。 ⑩校验矿料的称量装置，使精度符合要求，检修筛网、热料仓隔板和溢料管道，使筛网完好无损，热料仓分隔严密，溢料管畅通无阻

3.3.2　热拌沥青混合料路面车辙

1. 表现形式

车辙是指路面在车辆荷载作用下轮迹处下陷，轮迹两侧隆起，形成纵向带状凹槽。车辙现象在实施渠化交通路段或停、刹车频率高的路段较易出现，如图 3-40 所示。

图 3-40 车辙现象

2. 形成原因与应对措施

热拌沥青混合料路面车辙现象的形成原因与应对措施见表 3-27。

表 3-27 热拌沥青混合料路面车辙现象的形成原因与应对措施

项目	内容
形成原因	①沥青混合料热稳定性不足,沥青质量不好,针入度偏大,沥青用量偏高;矿料级配不好,细集料偏多,集料没有形成嵌锁结构。 ②沥青混合料面层施工时没有充分压实,在行车荷载频繁作用下,轮迹处继续进一步压密而出现下陷。 ③基层或下卧层软弱或未充分压实,在行车荷载频繁作用下继续压密或产生剪切破坏
应对措施	①根据当地气候条件,按规范和地区经验选用合适标号的沥青,针入度不宜过大。 ②粗集料应粗糙且有较大的破裂面,矿料级配符合要求,沥青混合料的稳定度和流值符合要求。高等级道路应进行车辙动稳定度检验,并符合要求。 ③施工时必须按规范要求进行碾压,基层和沥青混合料面层的压实度符合要求。 ④对于通行重车比例大的道路或启动、制动频繁的路段,陡坡路段,在必要时可采用改性沥青混合料,提高抗车辙能力。 ⑤道路路面结构层次组合设计中,对于沥青面层的每层厚度不宜超过混合料集料最大粒径的 4 倍。 ⑥面层施工前严格检验基层的强度和密实度,若基层湿软、强度不足、密实度不足,应整改合格后,才能进行面层施工。 ⑦严格控制超载车辆上路行驶。 ⑧出现车辙,针对情况,铣刨(削)掉面层重新铺筑。若由于基层原因引起,则整治好基层后再重新铺筑

3.3.3 热拌沥青混合料路面拥包

1. 表现形式

拥包是指沿行车方向或横向出现局部隆起,较易发生在车辆经常启动、制动的地方,如停车站、交叉口等区域,如图 3-41 所示。

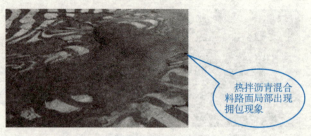

图 3-41　热拌沥青路面出现拥包现象

2. 形成原因与应对措施

热拌沥青混合料路面拥包现象的形成原因与应对措施见表 3-28。

表 3-28　热拌沥青混合料路面拥包现象的形成原因与应对措施

项目	内容
形成原因	①沥青针入度偏大、用量偏高，集料中细料偏多等情况导致沥青混合料热稳定性不好，在夏季气温高时，不足以抵抗行车的水平力作用。 ②面层摊铺时，底层未清扫或未喷洒（涂刷）黏层沥青，致使层间粘结不好，沥青混合料摊铺不匀，局部细料过于集中。 ③基层或下面层未经充分压实，行车作用下发生变形、位移。 ④陡坡或平整度较差路段，面层沥青混合料容易在行车作用下向低处积聚形成拥包
应对措施	①在混合料配合比设计、混合料拌制时，控制好沥青的质量，尤其是针入度不要偏大；控制好沥青的用量不偏多；控制好细集料的用量不偏多。 ②在摊铺沥青面层前，清扫干净下层表面，均匀洒布黏层沥青，确保上下层层间联结。 ③人工摊铺时，由于运料车卸料容易离析，应注意粗、细料均匀分布，防止细料局部集中现象

3.3.4　热拌沥青混合料路面横向裂缝

1. 表现形式

裂缝基本上横穿路幅，缝宽不一，有横穿整个路幅的，也有仅是局部的，如图 3-42 所示。

图 3-42　混合料路面横向裂缝宽度不一

2. 形成原因与应对措施

热拌沥青混合料路面横向裂缝现象的形成原因与应对措施见表 3-29。

表 3-29　热拌沥青混合料路面横向裂缝现象的形成原因与应对措施

项目	内容
形成原因	①施工缝没有处理，缝不紧密、结合不良。 ②沥青没有达到适应本地区的气候条件和使用要求的质量标准，致使沥青面层因温缩而产生裂缝。 ③半刚性基层尤其是水泥稳定的砂砾、碎石基层开裂传递到沥青面层。 ④路面下有横穿管道、通道，且防止不均匀沉降措施不到位，引起横向裂缝。 ⑤冰冻地区因冻胀导致横向开裂
应对措施	①合理组织施工，摊铺作业连续进行，减少横向冷接缝数量，并按操作要求做好冷接缝。 ②按本地区气候条件和道路等级选用适宜的沥青结合料，采用优质沥青则更为有效。 ③半刚性基层施工时注意防裂措施，如及早、及时养生，减少前期开裂，及时铺筑沥青面层或浇洒透层油以减少半刚性基层裸露时间，减少干缩开裂。 ④对横穿管道、通道两侧及沟槽回填部分细致碾压、夯压密实，必要时也可考虑采用对该部位适当拓宽、加厚设计的垫层或基层。 ⑤为防止雨水由裂缝处渗入路面结构，对于细裂缝（2~5mm），可用改性乳化沥青灌缝；对于大于5mm的粗裂缝，可用改性沥青灌缝。灌缝后，表面撒上粗砂或 3~5mm 石屑

3.3.5　热拌沥青混合料路面纵向裂缝

1. 表现形式

裂缝走向基本上和行车方向平行，裂缝长度和宽度不一，如图 3-43 所示。

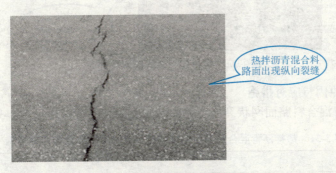

图 3-43　混合料路面纵向裂缝

2. 形成原因与应对措施

热拌沥青混合料路面纵向裂缝现象的形成原因与应对措施见表 3-30。

表 3-30　热拌沥青混合料路面纵向裂缝现象的形成原因与应对措施

项目	内容
形成原因	①前后摊铺幅相接处未按有关规范要求认真处理，结合不紧密而脱开。 ②纵向管线沟槽回填质量不佳而产生不均匀沉陷。 ③拓宽路段、新老路面交界处沉降差异
应对措施	①采用全路幅一次摊铺，如分幅摊铺时，前后摊铺应紧跟、梯次前进，避免前幅混合料冷却后才摊铺后半幅，确保相接的两幅为热接缝。 ②如无条件全路幅摊铺时，热沥青混合料上、下层的纵向施工缝应错开 15cm 以上。前后幅相接处做冷接缝时，应先将已施工压实的边缘坍斜部分切除，切线须顺直，侧壁要垂直。清除碎料后，宜用热混合料敷贴接缝处，使之软化，然后铲除敷贴料，并对侧壁涂刷 0.3~0.6kg/m² 黏层沥青，再摊铺相接路幅。摊铺时注意控制好松铺系数，使压实后的接缝结合紧密、平整。 ③沟槽回填部分应细致碾压、夯压密实，如回填用土来源有困难或者雨季施工且工期紧，沟槽积水不易排干时，可考虑用黄砂、砾石砂等颗粒材料回填，必要时也可以考虑适当拓宽、加厚的垫层或基层。 ④对于 2~5mm 宽的裂缝可用改性乳化沥青灌缝，大于 5mm 宽的裂缝可用改性沥青。灌缝后，表面撒上粗砂或 3~5mm 厚石屑

3.3.6　热拌沥青混合料路面网状裂缝

1. 表现形式

裂缝纵横交错、不规则，缝距 40cm 以下，缝网面积 1m² 以上，如图 3-44 所示。

图 3-44　热拌混合料路面网状裂缝

2. 形成原因与应对措施

热拌沥青混合料路面网状裂缝现象的形成原因与应对措施见表 3-31。

表 3-31　热拌沥青混合料路面网状裂缝现象的形成原因与应对措施

项目	内容
形成原因	①路面结构中夹有软弱层或尘土层，粒料层松动，水稳定性差。 ②沥青与沥青混合料质量差、延度低、抗裂性差。 ③沥青层厚度不足、层间粘结差，水分渗入，加速裂缝形成，下承层湿软，承载力差

(续)

项目	内容
应对措施	①沥青面层摊铺前,对下卧层应认真检查,及时清除尘土,处理好软弱层、下卧层,保证下承层稳定,喷洒 $0.3 \sim 0.6 kg/m^2$ 黏层沥青,高等级道路可考虑铺筑 1cm 厚沥青表面。 ②沥青、集料、矿粉等原材料应保证质量符合规范要求。 ③沥青面层各层应满足最小施工操作所需的厚度要求,保证上下层的良好联结,加强路面结构排水的设计和施工,使结构层内不积水。 ④路面结构设计应做好交通调查和预测工作,使路面结构组合与总体强度满足设计使用期限内的交通荷载要求

3.4 水泥混凝土面层施工

水泥混凝土路面,由于施工方面的种种原因,造成路面工程的质量通病,如路面胀缝,路面纵横缝不直顺,路面相邻两板间高度差过大,路面板面起砂、脱皮、露骨,路面平整度差和板面出现死坑等质量病害,影响了投资效益的发挥。

3.4.1 胀缝处破损、拱起、错台

1. 表现形式

混凝土路面运行一段时间后,胀缝两侧的板面即出现裂缝、破损、出坑,严重时出现相邻两板错台或拱起,胀缝中填料挤出被行车带走,如图3-45~图3-47所示。

图 3-45 路面胀缝处出现破损

图 3-46 路面出现拱起

图 3-47　路面出现错台

2. 形成原因与应对措施

胀缝处破损、拱起、错台现象的形成原因与应对措施见表 3-32。

表 3-32　胀缝处破损、拱起、错台现象的形成原因与应对措施

项目	内容
形成原因	①雨水沿接缝渗入基层,在行车荷载作用下产生唧泥,同时相邻块之间产生抽吸作用,使细料向后方板移动、堆集,造成前板低、后板高的错台现象。 ②基础不均匀沉陷。 ③基层抗冲刷能力差,基层表面采用砂或石屑等松散细集料作为整平层。 ④胀缝被砂石等堵塞,使板伸胀受阻。 ⑤设置的胀缝传力杆,水平、垂直方向偏差大,使板伸胀受阻。 ⑥长胀缝面板,在小弯道、陡坡处或厚度较薄时,易发生纵向失稳,引起拱起。 ⑦在旧沥青路面上铺筑混凝土板较易发生拱起
应对措施	①基层应用耐冲刷材料如水泥稳定粒料、二灰稳定粒料等,基层表面应平整、坚实,不得用松散细集料整平。 ②路面结构设计时,应增设结构层内部排水系统。 ③易产生不均匀沉陷地段应进行加固,并采用较厚的半刚性基层和钢筋混凝土板。 ④高差小于或等于 10mm 的错台,可采用磨平机磨平或由人工凿平。 ⑤高差大于 10mm 的严重错台,可采取沥青砂或水泥混凝土进行处治。 ⑥填缝料应符合规范要求,胀缝内不使砂、石嵌入。 ⑦设置的传力杆水平、垂直方向定位偏差应≤3mm,防止其在施工中移动,传力杆滑动部分,防止水泥浆浸入和粘连。 ⑧胀缝的设置长度要适当。 ⑨板端拱起但路面完好时,应根据板块拱起高低程度,计算要切除部分板块的长度,先将拱起板块两侧附近 1~2 条横缝拓宽,待应力充分释放后切除拱起端,使板块恢复原位,清除缝隙和其他接缝的杂物,并灌入接缝材料。 ⑩拱起端发生断裂或破损时,按规范要求用集料嵌入,用刨挖法进行处治。 ⑪拱起板两端间因硬物夹入发生拱起,应清除硬物,使板块恢复原位,清缝后灌填缝料。 ⑫胀缝因传力杆设置不当发生拱起,应重新设置胀缝,并按有关施工规范执行,使面板恢复原状

3.4.2 混凝土板块裂缝

1. 表现形式

①发状裂纹。只是浅表层细小裂纹。

②局部性裂缝。如板块不规则断裂和角隅处折裂,如图 3-48 所示。

③全面性贯穿裂缝。如工作缝(即两次浇筑的混凝土接缝)处断裂,或板块横向裂缝。

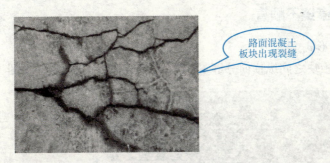

图 3-48 混凝土板块局部性裂缝

2. 形成原因与应对措施

混凝土板块裂缝现象的形成原因与应对措施见表 3-33。

表 3-33 混凝土板块裂缝现象的形成原因与应对措施

项目	内容
形成原因	①浅表层发状裂纹主要是养生时间不足,表层风干收缩所致。 ②角隅处的裂缝,是由于角隅处与基层接触面积较小,单位面积所承受的压力大,基层相对沉降就大,造成板下脱空,失去支承,角隅处便易断裂。 ③板块横向裂缝可能有两种情况:一种是切缝时间过迟,造成了收缩裂缝;另一种是开放交通后,路面基层有下沉,造成板块折裂(包括纵向和不规则裂缝)。 ④土基强度不够或不均匀或春秋两季施工的混凝土路面,白天与晚上的温差大,因温差影响产生较大的翘曲应力而产生板体开裂。 ⑤由于施工操作失误或原材料问题产生的裂缝
应对措施	①混凝土板完成后,按规范规定时间(终凝)及时覆盖养生,养生期间必须经常保持湿润,绝不能暴晒和风干,养生时间一般不应少于 14d。 ②混凝土的工作缝不应设在板块中间,应设在胀缝处。 ③当混凝土达到设计强度 25%~30% 时(一般不超过 24h)可以切缝,从观感看,以切缝锯片两侧边不出现超过 5mm 毛楂为宜。 ④水泥混凝土路面对路基各种沉降是敏感的,即使很小的变形也会使板块断裂,因此对路基和基层的密实度、稳定性、均匀性应更严格要求。

(续)

项目	内容
应对措施	⑤角隅处要注意对混凝土的振捣，必要时可加设钢筋，软路基地段可进行加固设计做成钢筋混凝土路面板。 ⑥控制拌制混凝土所用原材料，特别是水泥的技术指标，要符合相应标准要求。 ⑦混凝土振捣时，注意那些易产生不密实的部位的振捣，防止发生混凝土分层。 ⑧注意处理好真空吸水搭接处，半幅路施工浇筑中防止混凝土因振动开裂等特殊问题

3.4.3 纵横缝不顺直

1. 表现形式

板块与板块之间纵横向分缝不直顺，弯曲程度严重超标，如图3-49所示。

图3-49 路面纵横缝

2. 形成原因与应对措施

纵横缝不顺直现象的形成原因与应对措施见表3-34。

表3-34 纵横缝不顺直现象的形成原因与应对措施

项目	内容
形成原因	①混凝土路面锯缝不及时，由于温缩或干缩发生裂缝。 ②切缝深度过浅，由于横断面没有明显削弱，应力没有释放，因而在临近缩缝处产生新的缩缝。 ③混凝土路面基础发生不均匀沉陷，导致板底脱空而断裂。 ④混凝土板厚度与强度不足，在荷载和温度应力作用下产生强度裂缝。 ⑤路基发生不均匀沉陷，如纵向沟槽、路基拓宽等部分沉陷而产生裂缝。 ⑥由于基础不稳定，在行车荷载与水作用下，产生塑性变形或因基层材料安全性不好（如钢渣结构层）产生膨胀，导致开裂。 ⑦混凝土板厚度与基础强度不足产生的荷载性裂缝

(续)

项目	内容
应对措施	①严格掌握混凝土板的切缝时间,一般在抗压强度达到10MPa左右即可切缝。 ②当连续浇捣长度过长,锯缝设备不足时,可在1/2长度处先锯,之后再分段锯,在条件比较困难时,可间隔几十米设一条压缝,以减少收缩应力的积聚。 ③应保证板下基层稳定、无沉陷,路面的结构组合与厚度设计应满足交通需要,特别是重车、超重车路段。 ④当板块裂缝较大,则应局部翻修,先沿裂缝两侧最小宽度各不小于50cm处画线,画线应与中线垂直,然后沿缝锯齐,凿除标线间的混凝土,浇筑新混凝土。 ⑤整个板块翻挖,重新铺筑混凝土板块。 ⑥用聚合物灌浆法封缝或沿裂缝嵌入粘合修补材料,以起到防水作用

3.4.4 相邻板间高差过大

1. 表现形式

在纵、横直缝两侧的混凝土板面有明显高差(错台),有的达1~2cm,如图3-50所示。

图 3-50 相邻板间高差

2. 形成原因与应对措施

相邻板间高差过大现象的形成原因与应对措施见表3-35。

表3-35 相邻板间高差过大现象的形成原因与应对措施

项目	内容
形成原因	①对模板高程控制不严,在摊铺、振捣过程中,模板浮起或下降,或者混凝土板面高程未用模板顶高控制。 ②在已完成的仓间浇筑时不照顾相邻已完成板面的高度,造成与相邻板的高差。 ③由于相邻两板下的基础一侧不实,通车后造成一侧沉降
应对措施	①按规范要求用模板顶高程控制路面板高程。 ②在摊铺、振捣过程中随时检查模板高程的变化,如有变化应及时调整。 ③在摊铺、振捣、成活全过程中,时刻注意与相邻已完成面高度相匹配。 ④对土基、基层的密实度、强度与柔性路面一样也应严格要求,对薄弱土基同样应认真处理

3.4.5 板面起砂、脱皮、露骨或有孔洞

1. 表现形式

混凝土硬化后,板面表层粗麻,砂粒裸露,出现水泥浆皮脱落,或经车辆走轧细料脱落、骨料外露,如图 3-51～图 3-54 所示。

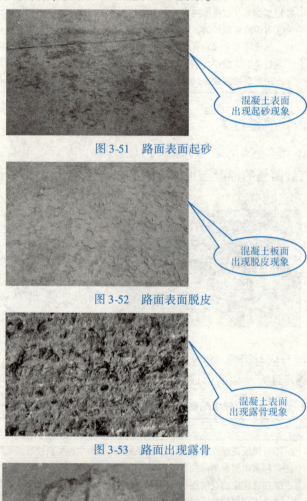

图 3-51 路面表面起砂

图 3-52 路面表面脱皮

图 3-53 路面出现露骨

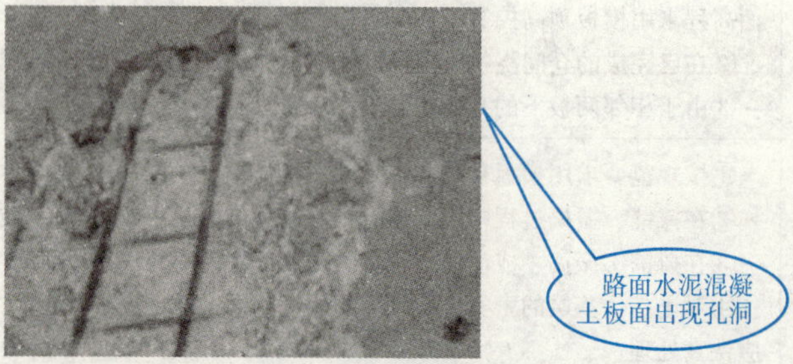

图 3-54 路面出现孔洞

2. 形成原因与应对措施

板面起砂、脱皮、露骨或有孔洞现象的形成原因与应对措施见表 3-36。

表 3-36　板面起砂、脱皮、露骨或有孔洞现象的形成原因与应对措施

项目	内容
形成原因	①混凝土板养护洒水时间过早、在浇筑中或刚刚成活后遇雨，还未终凝的表层受过量水分的浸泡，水泥浆被稀释，不能硬化，变成松散状态，水泥浆失效，析出砂粒，开放交通后表层易磨耗，便露出骨料。 ②混凝土的水灰比过大，板面出现严重泌水现象，成活过早或撒干灰面，也是使表层剥落的一个原因。 ③冬季用盐水除雪也易使板面剥落。 ④振捣后混凝土板厚度不够，拌砂浆找平或用推擀法找平，从而形成一层砂浆层，造成路表面水灰比不均匀，出现网状裂缝，在车轮反复作用下，甚至出现脱皮、露骨、麻面等现象。 ⑤混凝土板因施工质量差，或混凝土材料中夹有木屑、纸、泥块和树叶等杂物，或春季施工，骨料或水中有冰块，造成混凝土板面有孔洞
应对措施	①要严格控制混凝土的水灰比和加水量，水灰比不能大于 0.5。 ②养护开始洒水时间，要视气温情况，当气温较低时，不能过早洒水，必须在混凝土终凝后再开始覆盖洒水养护。 ③雨季施工应有防雨措施，如运混凝土运输车应加防雨罩棚。铺筑过程中遇雨应及时架好防雨罩棚。 ④防止混凝土浇筑时，混入木屑、碎纸和冰块；砂、石材料要检测泥块含量，并进行去除泥块的处理；混凝土应振捣密实。 ⑤对于孔洞、局部脱落产生的露骨、麻面，轻微者可用稀水泥浆进行封层处理。如特别严重时，可先把混凝土路面凿去 2~3cm 厚，孔洞处凿成形状规矩的直壁坑槽，应注意防止产生新的裂缝，然后吹干净，涂刷一层沥青，用沥青砂或细粒式沥青混凝土填补夯平

3.4.6　板面平整度差

1. 表现形式

①在板块范围内有鼓包、缓坑、浅搓板状波浪，如图 3-55 所示。

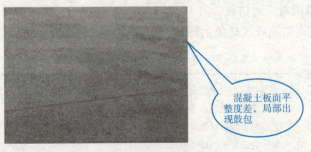

图 3-55　板面不平

②在混凝土板面上留下了脚印、草袋印等影响平整度和外观质量的问题。

2. 形成原因与应对措施

板面平整度差现象的形成原因与应对措施见表 3-37。

表 3-37 板面平整度差现象的形成原因与应对措施

项目	内容
形成原因	①施工时混合料坍落度未控制好或掺入早强剂用量不当，平板振动器振动后，混凝土开始凝结，使表面平整度较差。 ②混凝土的水灰比过大或水泥的耐磨性较差，在行车作用下很快磨损或剥落，造成平整度差。 ③行驶车辆长期在同一轮迹上行驶，使路面出现车辙引起平整度差
应对措施	①严格控制混凝土水灰比和施工坍落度，外加剂使用前应进行试验，做到合理使用。 ②按规范要求，选择好水泥、砂等原材料，确定合理配比，掌握好用水量。 ③若出现大面积露骨、表层脱落和车辙，宜用聚合物水泥砂浆或 P 道路修补剂对路面进行罩面修补，也可采用改性乳化沥青稀浆封层提高路面平整度

3.4.7 混凝土板面出现死坑

1. 表现形式

混凝土板经开放交通后，其表面出现由于泥块、煤块、砖块等软颗粒形成的死坑，如图 3-56 所示。

水泥混凝土路面出现死坑

图 3-56 路面死坑

2. 形成原因与应对措施

混凝土板面出现死坑现象的形成原因与应对措施见表 3-38。

表 3-38 混凝土板面出现死坑现象的形成原因与应对措施

项目	内容
形成原因	①造成路面坑洞，影响平整度和外观质量。 ②如果表面出现杂质，说明混凝土内也存在软弱杂质，相当于混凝土内有空洞，非常影响混凝土的整体强度

(续)

项目	内容
应对措施	严把材料质量关，除对骨料做级配筛分和含泥量试验外，还要特别注意对外观质量的检查，如含杂质过多则严禁使用，少量杂质也应清除

3.4.8 和易性不足

1. 表现形式

施工人员若对水泥用量的选用不当，混合料出现松散及成团；若选择砂率不当，即出现粘聚性不够、不易振捣密实；若水灰比选择不当，会出现分层离析异常；若对水泥品种选择不当，会出现泌水、离析，如图 3-57 所示。

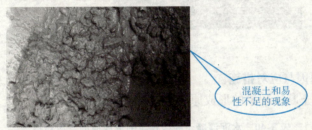

图 3-57　混凝土和易性不足

2. 形成原因与应对措施

和易性不足现象的形成原因与应对措施见表 3-39。

表 3-39　和易性不足现象的形成原因与应对措施

项目	内容
形成原因	①水泥用量不当：水泥用量少，包不住砂子，松散不易黏结；或水泥用量大，水灰比不佳，混合料粘聚力大，成团不易浇筑。 ②砂率选择不当：砂率过大，水泥用量不正常，水泥浆量包不住砂子，不易黏结；砂率过小，砂石级配差，孔隙率大，即使水泥用量正常，此时混合料中总体的水泥砂浆过少，也填不满石子间的空隙。 ③水灰比选择不当，混合料在运输或浇筑过程中难以控制其均匀性，出现分层离析。 ④水泥品种选择不当，如选用矿渣水泥、粉煤灰水泥等易造成混合料泌水。 ⑤混合料拌和时，计量不准或计量方法不好。 ⑥搅拌时间短，混合料本身不均匀。 ⑦配合比选择不符合施工工艺对和易性的要求
应对措施	①按规范和设计要求进行路面混凝土配合比设计。 ②宜采用硅酸盐水泥或普通硅酸盐水泥，其强度等级不应低于 42.5 级，高速公路必须采用不低于 42.5 级的硅酸盐水泥。 ③水泥用量不应少于 $300 kg/m^3$

3.4.9 水泥混凝土断板

1. 表现形式

断板病害是公路工程的通病之一，是指出现断板不一、横纵交错现象，如图 3-58 所示。

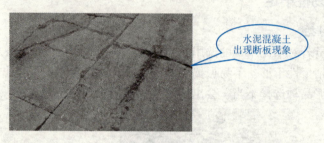

图 3-58 断板现象

2. 形成原因与应对措施

水泥混凝土断板现象的形成原因与应对措施见表 3-40。

表 3-40 水泥混凝土断板现象的形成原因与应对措施

项目	内容
形成原因	①原材料不合格。 ②混凝土配合比不当。 ③施工工艺不当。 ④设计不当。 ⑤路面不均匀沉降。 ⑥基层失稳
应对措施	①合格的原材料是保障混凝土质量的必要条件。 ②严格控制混凝土配合比。 ③施工工艺的控制。 ④受边界影响的控制。 ⑤设计上应考虑。 ⑥路面基层质量控制

第 4 章　桥梁工程施工常见问题及应对措施

4.1　桥梁基础工程

4.1.1　蜂窝、麻面、露筋

1. 蜂窝

（1）表现形式

混凝土结构局部出现酥松、砂浆少、石子多、石子之间形成空隙等类似蜂窝状的窟窿，如图 4-1 所示。

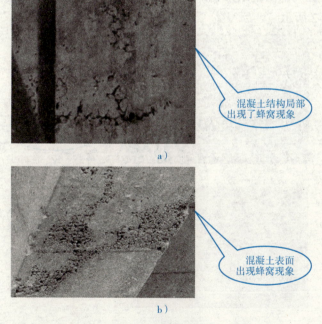

图 4-1　蜂窝现象

（2）形成原因与应对措施

蜂窝的形成原因与应对措施见表 4-1。

表 4-1　蜂窝的形成原因与应对措施

项目	内容
形成原因	①混凝土配合比不当或砂、石子、水泥、水计量不准，造成砂浆少、石子多。 ②搅拌时间不够，未拌和均匀，和易性差，漏振或振捣时间不足。 ③混凝土未分层下料或下料过高，未设串筒或溜槽造成离析。 ④钢筋较密，使用的石子粒径过大或坍落度过小、模板缝隙未堵严、水泥浆流失。 ⑤基础、柱、墙根部未稍加间歇就继续浇灌上层混凝土
应对措施	①严格控制混凝土配合比，做到计量准确，拌和均匀，坍落度适中，混凝土下料高度超过2m设串筒或溜槽，浇筑应分层下料，分层振捣，防止漏振，模板缝应堵塞严实，防止漏浆，基础、柱、墙根部应在下部浇筑完间歇1~1.5h后再浇筑上部混凝土，以免出现"烂脖子"。 ②小蜂窝洗刷干净后，用1:2或1:2.5水泥砂浆抹平压实，较大蜂窝凿去蜂窝处薄弱松散颗粒，刷洗干净后，用高强度细石混凝土仔细填塞捣实，并养护好

2. 麻面

（1）表现形式

混凝土表面局部出现缺浆和许多小凹坑、麻点，形成粗糙面，但无钢筋外露现象，如图4-2所示。

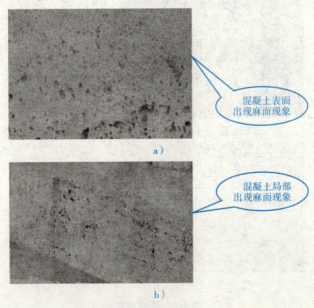

图 4-2　麻面现象

（2）形成原因与应对措施

麻面的形成原因与应对措施见表4-2。

表 4-2 麻面的形成原因与应对措施

项目	内容
形成原因	①模板表面粗糙，隔离剂涂刷不匀、局部漏刷或失效，造成拆模时混凝土表面被粘坏。 ②模板未浇水湿润或湿润不够，构件表面混凝土的水分被吸去，致使混凝土失水过多而出现麻面。 ③模板拼缝不严，局部漏浆。 ④混凝土振捣不实，气泡未排出，停在模板表面形成麻点
应对措施	①模板表面应清理干净，不得有杂物，隔离剂涂刷均匀，不得漏刷，浇筑混凝土前模板应浇水充分湿润，模板缝隙应严密，混凝土应分层均匀振捣密实，直到排出气泡、不再泛浆为止。 ②表面做粉刷的，可不处理；表面不粉刷的，应在麻面部位浇水充分湿润后，用原混凝土配合比无石子砂浆，将麻面抹平压光

3. 露筋

（1）表现形式

混凝土内部主筋、副筋或箍筋局部裸露在结构构件表面，如图 4-3 所示。

图 4-3 露筋现象

（2）形成原因与应对措施

露筋的形成原因与应对措施见表 4-3。

表 4-3　露筋的形成原因与应对措施

项目	内容
形成原因	①浇筑混凝土时，钢筋保护层垫块位移、垫块太少或漏放，致使钢筋紧贴模板而造成外露。 ②钢筋过密，石子卡在钢筋上，使水泥砂浆不能充满钢筋周围，造成露筋。 ③混凝土配合比不当，产生离析，靠模板部位缺浆、漏浆或保护层处混凝土振捣不实。 ④混凝土浇筑时，振捣棒撞击钢筋、工人踩踏钢筋使钢筋位移或拆模时缺棱、掉角造成露筋
应对措施	①浇筑混凝土，应保证钢筋保护层厚度，钢筋密集时，应选用适当粒径的石子，混凝土配合比准确，并具有和易性，浇筑高度超过2m时，应用串筒或溜槽下料，以防止离析；模板应充分湿润并堵好缝隙，操作时严禁撞击钢筋或避免踩踏钢筋，如有钢筋被踩弯或脱扣等应及时调整，保护层混凝土要振捣密实，正确掌握脱模时间，防止过早拆模导致碰坏棱角。 ②表面露筋的，刷洗干净后，在表面抹1∶2或1∶2.5水泥砂浆，将露筋部位抹平，露筋较深的凿去薄弱混凝土，洗刷干净后，用比原来高一等级的细石混凝土填塞压实

4.1.2　孔洞、裂缝

1. 孔洞

（1）表现形式

混凝土结构内部有尺寸较大的空隙，局部没有混凝土，钢筋局部或全部裸露，如图4-4所示。

（2）形成原因与应对措施

孔洞的形成原因与应对措施见表4-4。

图4-4　孔洞现象

表 4-4　孔洞的形成原因与应对措施

项目	内容
形成原因	①在钢筋较密的部位或预埋件处，混凝土下料被阻挡，未振捣就继续浇筑上层混凝土。 ②混凝土离析，砂浆分离，石子成堆，严重跑浆，又未进行振捣。 ③混凝土一次下料过多、过厚，振捣器振捣不到位，形成松散孔洞。 ④混凝土内掉入工具、木块、泥块等杂物

(续)

项目	内容
应对措施	①在钢筋密集部位，采用细石混凝土浇筑，并分层振捣密实，预留孔洞处应两侧同时下料，严防漏振，砂石中混有黏土块、杂物或模板工具掉入混凝土内，应及时清除干净。 ②将孔洞周围的松散混凝土和软弱浆膜凿除，用压力水冲洗，湿润后用高强度等级细石混凝土仔细浇灌、捣实

2. 裂缝

（1）表现形式

混凝土裂缝的形成与沉降有关，也与温度有关，一般分为不均匀沉降裂缝和温度裂缝两种形式，如图 4-5 所示。

（2）形成原因与应对措施

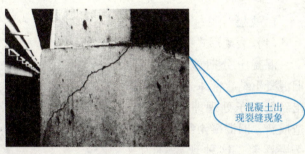

图 4-5　裂缝现象

裂缝的形成原因与应对措施见表 4-5。

表 4-5　裂缝的形成原因与应对措施

项目	内容
形成原因	①不均匀沉降裂缝多属贯穿性的，走向与沉降情况有关，一般与地面呈 45°~90°方向发展，裂缝宽度与荷载大小有较大关系，而且与不均匀沉降值成比例。产生不均匀沉降裂缝的原因是由于结构和结构下面的地基未经夯实和没有进行必要的加固处理；或地基受到破坏，使浇筑后地基产生不均匀沉降，另外由于模板支撑没有固定牢固以及过早地拆模，也会引起不均匀沉降裂缝。 ②温度裂缝实际上是指温度、湿度裂缝，是混凝土在温度升高、湿度降低时体积缩小，当收缩变形受到约束时就会产生应力，当应力超过混凝土拉伸强度即产生裂缝。 ③不均匀沉降裂缝对结构的承载能力、整体性、耐久性有较大影响，应根据裂缝的部位和严重程度，会同设计等有关部门对结构进行适当的加固处理，如设置钢筋混凝土围套、加钢套箍等。 ④温度裂缝对钢筋锈蚀、碳化、抗冻融、抗疲劳等方面有影响，故应采取措施治理。对表面裂缝，可以采用涂两遍环氧胶泥或贴环氧玻璃布，以及抹喷水泥砂浆等方法进行表面封闭处理。对有整体性防水、防渗要求的结构，缝宽大于 0.1m 的贯穿性裂缝，应根据裂缝可灌程度采用灌水泥浆或化学浆液方法进行修补

(续)

项目	内容
应对措施	①对软硬地基、松软土、填土地基应进行必要的夯实与加固。 ②避免在较深的松软土或回填土上预制构件；如预制应压实加固。 ③构件预制场地不应设在冻土上，周围应做好排水措施。 ④温度要低于30℃，浇筑后要控制混凝土与大气温度差不大于25℃，混凝土本身内外温度差在20℃以内，加强养护过程中的测温工作

4.1.3 夹层、云斑、砂线

1. 夹层

（1）表现形式

混凝土分期施工时，新、旧混凝土结合部未进行凿毛露出新鲜石子处理即进行浇筑，造成新、旧混凝土结合处留有一层浮浆，这种现象称为夹层，如图4-6所示。

（2）形成原因与应对措施

夹层的形成原因与应对措施见表4-6。

图4-6 混凝土出现夹层

表4-6 夹层的形成原因与应对措施

项目	内容
形成原因	①施工缝或变形缝处未清除表面松动石子，未除去软弱混凝土层就浇筑混凝土。 ②施工缝处杂物未清除干净或未灌接缝砂浆层，接缝处混凝土未很好振捣。 ③混凝土浇灌高度过大，未设串筒、溜槽，造成混凝土离析
应对措施	①认真处理施工缝及变形缝表面，清除接缝处的松动石子、杂物；接缝处浇灌前应先浇5~10mm厚原配合比无石子砂浆，并加强接缝处混凝土的振捣；混凝土浇灌时的下料高度大于2m的应设串筒或溜槽。 ②夹层不深时，可将松散混凝土凿去，冲洗干净后，用1:2或1:2.5水泥砂浆填密实，夹层较深时，应清除松散部分和内部夹杂物，用压力水冲洗干净后支模，灌细石混凝土

2. 云斑

（1）表现形式

云斑表现形式为混凝土外侧横向色差带深浅颜色明显，呈不规则水波纹状、云朵状、鳞片状，如图 4-7 所示。

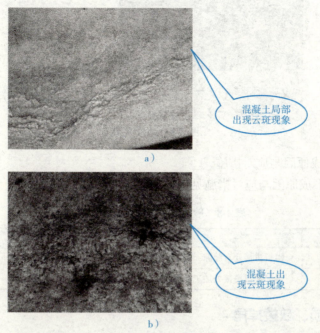

图 4-7　云斑现象

（2）形成原因与应对措施

云斑的形成原因与应对措施见表 4-7。

表 4-7　云斑的形成原因与应对措施

项目	内容
形成原因	①早振或过振。 ②当梁底板混凝土全部依靠腹板部位振捣流动填充时，由于腹板断面尺寸偏小，使腹板部位混凝土过振。 ③混凝土离析，局部位置水泥浆集中。 ④预应力管道外保护层不足，水泥浆集中
应对措施	①严禁早振或过振，不得重复振捣。 ②每层混凝土前沿必须留约 1m 范围暂时不振，待下一段混凝土下料后一并振捣。 ③根据构件尺寸制定合适的浇筑振捣工艺。 ④严格定位预应力管道位置，确保保护层厚度满足要求。 ⑤梁底板混凝土的下料，可在顶板开孔采用孔槽下料，不得采用腹板振捣流动填充

3. 砂线

（1）表现形式

砂线表现为模板合缝处不平整、错台，有条状析砂现象，如图 4-8 所示。

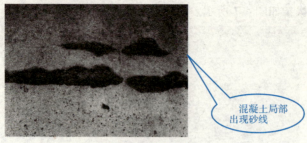

图 4-8　砂线现象

（2）形成原因与应对措施

砂线的形成原因与应对措施见表 4-8。

表 4-8　砂线的形成原因与应对措施

项目	内容
形成原因	模板拼接处有缝隙，混凝土浇筑时，由于缝隙处水泥浆渗出而形成砂线
应对措施	确保模板拼接处加工质量，提高模板安装质量

4.1.4　破损、缺棱掉角

1. 破损

（1）表现形式

破损表现为表面或边角处混凝土局部掉落，如图 4-9 所示。

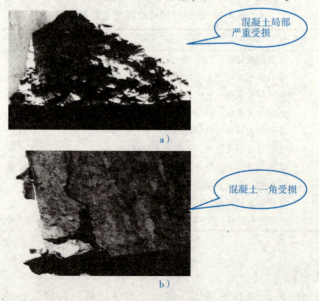

a）

b）

图 4-9　破损现象

(2) 形成原因与应对措施

破损的形成原因与应对措施见表 4-9。

表 4-9　破损的形成原因与应对措施

项目	内容
形成原因	①粘模或木模板吸水膨胀将边角拉裂。 ②拆模过早，混凝土强度过低，出现表面受损。 ③边角受外力或重物撞击，棱角被碰掉。 ④后张法梁预制梁端部斜交角度小，配筋不当，张拉后边角开裂破损
应对措施	①木模板在使用前应认真清除模板表面水泥浆，均匀涂刷脱模剂，不得使用不平整、有缺陷的模板。 ②混凝土浇筑后应认真浇水养护，在混凝土强度达到要求时，方能拆模。 ③拆模时注意保护棱角，分片分块拆模，避免棱角被碰掉。 ④在混凝土构件安装施工过程中，加强对成品的保护，防止撞击。 ⑤脱模剂应涂刷均匀，避免粘模。 ⑥后张法梁斜交角度小时，应优化配筋设计，避免张拉后梁端边角开裂破损

2. 缺棱掉角

(1) 表现形式

梁、柱、板、墙和洞口直角处，混凝土局部掉落，不规整，棱角有缺陷，如图 4-10 所示。

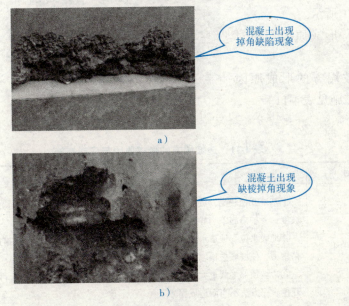

图 4-10　缺棱掉角现象

（2）形成原因与应对措施

缺棱掉角的形成原因与应对措施见表4-10。

表4-10 缺棱掉角的形成原因与应对措施

项目	内容
形成原因	①模板未涂刷隔离剂或涂刷不均，浇筑前未充分湿润，混凝土浇筑后养护不好，造成脱水，强度降低，拆模时棱角被粘掉。 ②低温施工过早拆除侧面非承重模板。 ③拆模时边角受外力或重物撞击，棱角被碰掉
应对措施	①木模板在浇注混凝土前应充分湿润，混凝土浇筑后应注意浇水养护。 ②拆除钢筋混凝土结构侧面非承重模板时，混凝土应具有足够的强度。 ③拆模时不得用力过猛、过急，注意保护棱角，吊运时严禁模板撞击棱角。 ④加强成品保护，对于处在人多、运料等通道处的混凝土阳角，拆模后要用角钢等阳角保护好，以免撞击

4.1.5 边坡塌方、基坑积水

1. 边坡塌方

（1）表现形式

边坡出现塌方现象，如图4-11所示。

（2）形成原因与应对措施

边坡塌方的形成原因与应对措施见表4-11。

边坡局部出现塌方现象

图4-11 边坡塌方

表4-11 边坡塌方的形成原因与应对措施

项目	内容
形成原因	①基坑开挖较深，放坡不够，或通过不同土层时没有根据土的特性分别放成不同坡度；支护措施不当导致边坡不稳定造成塌方。 ②地表水位、地下水位高和雨水浸泡，未采取有效的降、排水措施，破坏了土的粘聚力，使坡底失稳塌方。 ③边坡顶部堆载过大或受外力振动影响，使坡体内剪应力增大再加上土质松软，开挖次序方法不当而造成塌方

项目	内容
应对措施	①根据土的类别、槽坑深度、地下水位来进行加设支护。 ②做好地面排水措施,槽坑挖好后其周边要砌好挡水堤,防止地面水流入基坑内,基坑底四周设排水沟并在低洼地点设集水坑,当地下水位高时应采取降水措施,将水位降至基底以下0.5~1.0m。 ③挖方时严禁抛土太近,边坡坡顶堆料过多,边坡过陡以及附近有过大的振动冲击荷载,当土质干燥密实时堆土距离不得少于3m,土质松软时不得少于5m。开挖时应遵循先深后浅或同时进行的施工顺序,尽量防止对地基后扰动

2. 基坑积水

(1) 表现形式

基坑底四周未设排水沟,积水排除不及时,造成积水现象,如图4-12所示。

图4-12 基坑积水

(2) 形成原因与应对措施

基坑积水的形成原因与应对措施见表4-12。

表4-12 基坑积水的形成原因与应对措施

项目	内容
形成原因	①开挖基坑未设排水沟或挡水堤,地表水流入基坑。 ②未采取降排水措施,未连续降水
应对措施	①合理设置排水沟或挡水堤。 ②地下水位以下开挖时,根据水位高度,确定降水方式及设置排水沟。 ③施工中保持连续性降水,直至基坑(槽)回填完毕

4.1.6 表面不平整、混凝土强度偏低

1. 表面不平整

(1) 表现形式

表现为混凝土表面凹凸不平,如图4-13所示。

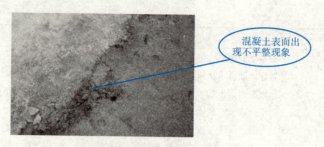

图 4-13　混凝土表面不平整

（2）形成原因与应对措施

表面不平整的形成原因与应对措施见表 4-13。

表 4-13　表面不平整的形成原因与应对措施

项目	内容
形成原因	①混凝土浇筑后，表面仅用铁锹拍平，未用抹子找平压光，造成表面粗糙不平。②模板未支承在坚硬土层上，或支承面不足，或支撑松动、泡水，致使新浇灌混凝土早期养护时发生不均匀下沉。③混凝土未达到一定强度时，就上人操作或运料，使表面出现凹陷不平或划痕
应对措施	严格按施工规范操作，浇筑混凝土前应根据水平控制标志弹线，浇筑中用抹子找平、压光，终凝后浇水养护；模板应有足够的强度、刚度和稳定性，并应支撑在坚实地基上和有足够的支承面积，防止浸水，以保证不发生下沉；混凝土强度达到 1.2N/mm^2 以上，方可在已浇筑结构上走动

2. 混凝土强度偏低

（1）表现形式

混凝土强度偏低表现为混凝土构件强度检测结果达不到设计要求，如图 4-14 所示。

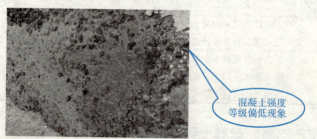

图 4-14　混凝土强度偏低

（2）形成原因与应对措施

混凝土强度偏低的形成原因与应对措施见表 4-14。

表 4-14　混凝土强度偏低的形成原因与应对措施

项目	内容
形成原因	①凝土原材料不符合要求，如水泥过期受潮结成块状、砂石含泥量太大、袋装水泥重量不足等，都容易造成混凝土强度偏低。 ②混凝土配合比不合理。原材料计量不准确，如砂、石不过磅，加水不准。搅拌时间不够。 ③混凝土试块不按规定制作和养护，或试模变形，或管理不善，养护条件不符合要求等
应对措施	①混凝土原材料应试验合格，严格控制配合比，保证计量准确，外加剂要按规定掺加。 ②混凝土应搅拌均匀，按砂子→水泥→水→石子的顺序上料，按二次投料法搅拌混凝土。外加剂溶液最好均匀加入水中或从出料口处加入，不能倒在上料斗内，搅拌时间应根据混凝土的和易性和搅拌机容量合理确定。 ③科学、有效、及时、定期养生，保证满足养生时间和目的。 ④健全检查和试验制度，按规定检查坍落度和制作混凝土试块，认真做好试验记录。条件许可时，应采用非破损检验方法对结构部位测试核对

4.1.7　地基不均匀沉降、基础位置尺寸偏差

1. 地基不均匀沉降

（1）表现形式

①地基不均匀下沉，造成地面产生裂缝，如图 4-15 所示。

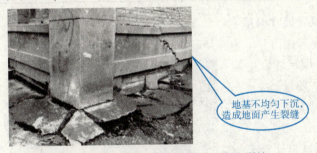

图 4-15　地基不均匀下沉造成地面产生裂缝

②地基沉降不均匀，墙面容易开裂，如图 4-16 所示。

图 4-16　地基沉降不均匀造成墙面开裂

(2) 形成原因与应对措施

地基不均匀沉降的形成原因与应对措施见表4-15。

表4-15 地基不均匀沉降的形成原因与应对措施

项目	内容
形成原因	①标高失控，槽宽度严重超标。 ②基土扰动造成地基承载力下降，主要是地基受水浸泡、受冻融影响或机械挖土时超挖，而无预留人工清土高度，基底有浮土未做认真处理。 ③存有橡皮土，基土中含水量过多。 ④挖好基（槽）坑后，长时间不进行下道工序施工，将会导致基槽龟裂，直接影响地基土持力层的质量
应对措施	①严格控制标高和挖槽宽度。 ②严防地基土扰动，雨季施工时必须设置排水场和集水井，以便及时将雨水和地下水排出，防治积水浸泡地基土，冬季施工时对基槽应做好保护，机械挖土严格控制挖土标高，预留出人工清理高度150~200mm，浮土必须清理干净，然后加固处理。 ③扰动土、松散土和局部硬土的土层不厚时可做踏步地基处理，对橡皮土可采用换土晾晒等方法处理，以保证地基的稳定性。 ④对不能及时进行下道工序施工的基坑，必须覆盖或预留一定厚度的土层以防止日晒造成龟裂

2. 基础位置尺寸偏差

（1）表现形式

基础砖胎膜尺寸发生偏差，如图4-17所示。

（2）形成原因与应对措施

基础砖胎膜尺寸发生偏差的形成原因与应对措施见表4-16。

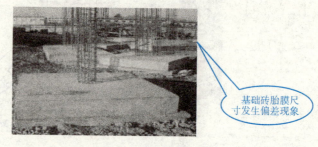

图4-17 基础砖胎膜尺寸发生偏差

表4-16 基础砖胎膜尺寸发生偏差的形成原因与应对措施

项目	内容
形成原因	①施工管理人员不熟悉图纸，导致放线失误。 ②基础模板安装后未复核轴线
应对措施	①熟悉图纸尺寸标注，清楚中心轴线与偏心轴线的相互关系。 ②按纵横轴线用钢尺丈量及房间的对角线检查，做到准确无误

4.2 桥梁下部结构工程

4.2.1 断桩

1. 表现形式

断桩表现为桩基两层混凝土夹有泥浆渣土,或混凝土灌注间隔时间长,前一批混凝土已初凝乃至硬化,如图 4-18 所示。

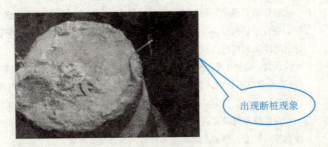

图 4-18 断桩现象

2. 形成原因与应对措施

断桩的形成原因与应对措施见表 4-17。

表 4-17 断桩的形成原因与应对措施

项目	内容
形成原因	①骨料级配差,混凝土和易性差而造成离析卡管,混凝土坍落度小,石料粒径过大,导管直径较小(导管内径一般为 20~35cm),在混凝土灌注过程中堵塞导管,且在混凝土初凝前未能疏通好,中断施工,形成断桩。 ②由于测量及计算错误,致使导管底口距孔底距离较大,使首批灌注的混凝土不能埋住导管,从而形成断桩。 ③在导管提拔时,由于测量或计算错误,或盲目提拔导管使导管提拔过量,从而使导管拔出混凝土面,或使导管口处于泥浆或泥浆与混凝土的混合层中,形成断桩。 ④提拔导管时,钢筋笼卡住导管,在混凝土初凝前无法提起,造成混凝土灌注中断,形成断桩。 ⑤导管接口渗漏致使泥浆进入导管内,在混凝土内形成夹层,造成断桩。 ⑥导管埋置深度过深,无法提起或将导管拔断,灌注中断造成断桩。 ⑦由于其他意外原因(如机械故障、停电、塌孔、材料供应不足等)造成混凝土不能连续灌注,中断间歇时间过长,超过混凝土初凝时间,致使导管内混凝土初凝堵管或孔内顶面混凝土初凝不能被新灌注混凝土顶升而被顶破,从而形成断桩

（续）

项目	内容
应对措施	①关键设备（混凝土搅拌设备、发电机、运输车辆）要有备用，材料（砂、石、水泥等）要准备充足，以保证混凝土能连续灌注。 ②混凝土要求和易性好，坍落度要控制在 18~22cm，对混凝土用量大、浇筑时间长的大直径长桩，混凝土配合比中宜掺加缓凝剂，以防止先期灌注的混凝土初凝，堵塞导管。 ③在钢筋笼制作时，一般要采用对焊，以保证焊口平顺，当采用搭接焊时，要保证焊缝不要在钢筋笼内形成错台，以防钢筋笼卡住导管。 ④导管的直径应根据桩径和石料的最大粒径确定，尽量采用大直径导管，对每节导管进行组装编号，导管安装完毕后要建立复核和检验制度。导管使用前，要对导管进行检漏和抗拉力试验，以防导管渗漏。 ⑤认真测量和计算孔深与导管长度，下导管时，其底口距孔底的距离控制在 25~40cm（注意导管口不能埋入沉淀的回淤泥渣中），同时要能保证首批混凝土灌注后能埋住导管至少1m，在随后的灌注过程中，导管的埋置深度一般控制在 2~6m 的范围内。 ⑥在提拔导管时要通过测量混凝土的灌注深度及已拆下导管的长度，认真计算提拔导管的长度，严禁不经测量和计算而盲目提拔导管。 ⑦当混凝土堵塞导管时，可采用拔插抖动导管（注意不可将导管口拔出混凝土面），当所堵塞的导管长度较短时，也可以用型钢插入导管内来疏通，也可以在导管上固定附着式振捣器进行振动来疏通导管内的混凝土。 ⑧当钢筋笼卡住导管时，可设法转动导管，使之脱离钢筋笼

4.2.2 漏浆

1. 表现形式

成孔过程中或成孔后，泥浆向孔外漏浆，如发现孔内水头无法保持，分析已发生漏浆，由于护筒埋深不够、护壁不好、遇到溶洞或岩层裂隙漏水所致。采用振动锤将钢护筒再下沉一定深度，置入内护筒，反复凿孔护壁，或在孔内填充混凝土，重新恢复钻孔后，即能保持水头正常钻进，如图 4-19 所示。

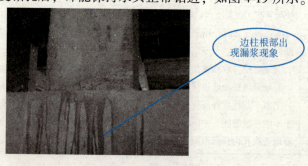

图 4-19 漏浆现象

2. 形成原因与应对措施

钻孔漏浆的形成原因与应对措施见表 4-18。

表 4-18 钻孔漏浆的形成原因与应对措施

项目	内容
形成原因	护筒内水头不能保持
应对措施	护筒周围回填土夯筑密实、增加护筒埋深、减小护筒内水头、增加泥浆密度和黏度、倒入黏土、增加孔壁黏质土层厚度等

4.2.3 灌注桩偏位

1. 表现形式

表现为实测桩中心坐标与设计值偏差超出允许范围,如图 4-20 所示。

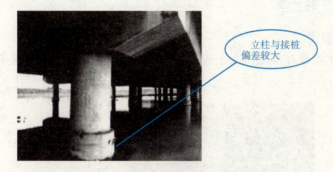

图 4-20 立柱中心与接桩中心偏差较大

正常的桩接柱现象,如图 4-21 所示。

图 4-21 正常的桩接柱现象

2. 形成原因与应对措施

灌注桩偏位的形成原因与应对措施见表 4-19。

表 4-19　灌注桩偏位的形成原因与应对措施

项目	内容
形成原因	①施工放样不准确。 ②钻孔机械定位不准确。 ③钢筋笼定位不准确或不牢靠。 ④钻机型号选用不当
应对措施	①增强施工人员责任心，确保测量放样精度。 ②尽量保证钻机定位准确。 ③钢筋笼定位要准确、牢靠。 ④选用合适型号的钻机。 ⑤正常桩接柱

4.2.4　钢筋笼上浮

1. 表现形式

钢筋笼上浮是在浇灌混凝土的过程中，钢筋笼骨架出现上浮现象，如图 4-22 所示。

图 4-22　钢筋笼上浮

2. 形成原因与应对措施

钢筋笼上浮的形成原因与应对措施见表4-20。

表 4-20　钢筋笼上浮的形成原因与应对措施

项目	内容
形成原因	①泥浆浓度大。 ②底部时浇筑速度太快。 ③钢筋笼内径与导管外壁间距小，粗骨料粒径偏大，主筋搭接焊接头未焊平，在提升导管过程中，法兰盘挂带钢筋笼。 ④钢筋笼主筋弯曲、骨架整体扭曲，箍筋变形脱落或导管倾斜，使得钢筋笼与导管外壁紧密接触。 ⑤混凝土面上至钢筋笼底时，混凝土浇灌速度过快，导致钢筋笼上浮。 ⑥导管埋深过大，底部混凝土上升带动钢筋笼上浮
应对措施	①浇筑混凝土前，应将钢筋笼固定在孔位护筒上。 ②混凝土上升到钢筋笼下端，放慢浇筑速度，钢筋笼被埋入混凝土有一定深度再提升导管，减少导管埋入深度，使导管下端高出钢筋笼下端相当距离时再按正常速度浇筑。 ③发现钢筋笼开始上浮时，立即停止浇筑，准确计算导管埋深和已浇混凝土标高，缓慢提升导管后再进行浇筑。 ④在沉放导管过程中必须注意其垂直度，使钢筋笼内径与导管外壁之间的最小间距至少要大于粗骨料最大粒径的两倍。 ⑤严格控制钢筋笼骨架加工质量。 ⑥在浇灌混凝土过程中，随时观测混凝土面位置，接近钢筋笼底时，控制混凝土浇灌量及浇灌速度。 ⑦浇灌前应确认导管与钢筋笼之间无挂带现象。 ⑧浇灌前应检查钢筋笼的固定质量，浇筑过程中应加强监测，如发现钢筋笼松动，应及时处理

4.2.5　桩顶高程偏低

1. 表现形式

表现为桩顶高程低于设计高程，如图 4-23 所示。

图 4-23　桩顶高程偏低现象

2. 形成原因与应对措施

桩顶高程偏低的形成原因与应对措施见表4-21。

表4-21 桩顶高程偏低的形成原因与应对措施

项目	内容
形成原因	①混凝土浇筑时的预留高度不足。 ②灌注将近结束时，浆渣过稠，用测深锤探测难以判断浆渣或混凝土面，或由于测深锤太轻，沉不到混凝土表面，以致发生误测。 ③浇筑过程中桩顶高程计算错误。 ④桩头超凿。
应对措施	①强化管理，增强责任心，保证混凝土浇筑时的预留高度。 ②测深锤宜加重，灌注将近结束时加注清水稀释泥浆，并掏出部分沉淀土，以便准确测量桩混凝土高程。 ③认真监测实际浇筑桩顶高程。 ④凿除桩头时应控制好高程，避免出现欠凿、超凿现象。

4.2.6 糊钻、埋钻、卡钻

1. 表现形式

①塌孔埋钻后，应吸出埋钻处以上部分的坍塌物后，再提出钻头，如图4-24所示。

②地层软硬不均匀导致倒锤（冲孔时）卡钻、粘锤或锤头加大后快冲造成。

图4-24 埋钻现象

采用填片石、锤头加大后填料再冲的方式处理，如图4-25所示。

图4-25 卡钻现象

2. 形成原因与应对措施

糊钻、埋钻、卡钻的形成原因与应对措施见表 4-22。

表 4-22　糊钻、埋钻、卡钻的形成原因与应对措施

项目	内容
形成原因	软塑黏质土层、泥浆相对密度和黏度过大、进尺快、钻渣量大、钻杆内径过小、出浆口堵塞等
应对措施	①改善泥浆性能，排查钻杆内径、钻渣进出口和排渣设备尺寸，控制进尺。若已严重糊钻，应停钻提出钻锥，清除钻渣。 ②卡钻发生在冲击钻孔时，多因梅花孔或钻锥。 ③卡钻不宜强提，小锥冲击或冲吸法松动钻锥周围钻渣

4.2.7　偏孔、弯曲

1. 表现形式

在岩层内，可钻小孔洗去坍塌物后进行压浆处理，检测合格后可正常使用，否则重新成桩；在土层内，重新成桩。

2. 形成原因与应对措施

偏孔、弯曲的形成原因与应对措施见表 4-23。

表 4-23　偏孔、弯曲的形成原因与应对措施

项目	内容
形成原因	①地质松软、不均，岩面倾斜、钻架位移、安装未平或遇探头石等。 ②孔壁小坍塌、钻锥摆动过大。 ③地层中遇水膨胀的软塑土、泥质页岩，钻锥磨损过甚，孔周荷载
应对措施	①不严重时：套孔，偏斜处吊住钻锥反复扫孔，纠正方向。 ②严重时：回填黏质土到偏斜处顶面，沉积密实后重钻。 ③用失水率小的优质泥浆护壁。 ④焊补钻锥，钻锥上下反复扫孔，扩大孔径

4.2.8　立柱与桩基连接偏位

1. 表现形式

①立柱与桩基连接处偏位，如图 4-26 所示。
②立柱与桩基连接处松散、夹泥，如图 4-27 所示。

2. 形成原因与应对措施

立柱与桩基连接偏位的形成原因与应对措施见表 4-24。

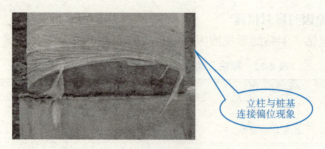

图 4-26　立柱与桩基连接处偏位

图 4-27　立柱与桩基连接处松散、夹泥

表 4-24　立柱与桩基连接偏位的形成原因与应对措施

项目	内容
形成原因	①混凝土方量不足，桩头未破除到位。 ②接桩处模板未密封好，漏浆严重，立柱底部混凝土松散。 ③接桩前杂物未清理干净。 ④钻孔桩中心偏位过大
应对措施	①桩头混凝土预留高度应比设计高程高出 0.5~1.0m，多余部分接桩前必须凿除。 ②桩头要破除到坚硬混凝土处，桩头无松散层。 ③接桩模板底部要密封，防止漏浆。 ④保证钻孔桩中心位置准确

4.3　桥梁上部结构工程

4.3.1　梁、板预制与浇筑

1. 板梁存放不规范

（1）表现形式

①堆梁场地地基沉陷。

②板梁堆放层数过多，如图4-28所示。

图4-28　堆放层数过多

③板梁堆放时相互挤压、碰撞破损，如图4-29所示。

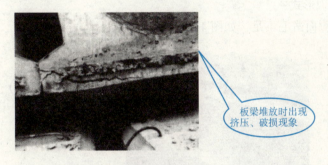

图4-29　板梁堆放时有挤压、碰撞破损

④垫块偏小造成梁顶预埋钢筋顶压上层板梁，如图4-30所示。

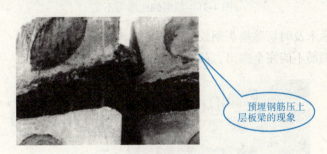

图4-30　预埋钢筋顶压上层板梁现象

⑤上层梁支点与下层支点偏位过大。

（2）形成原因与应对措施

板梁存放不规范的形成原因与应对措施见表4-25。

表 4-25 板梁存放不规范的形成原因与应对措施

项目	内容
形成原因	①堆梁场地地基未进行地基处理。 ②梁场存梁区面积偏小。 ③施工组织不当,板梁安装与梁板预制不协调,造成板梁预制后无处可放。 ④施工人员不了解梁板受力特性,临时支点设置不当
应对措施	①根据实际施工情况,仔细规划板梁预制场,并根据施工进度计划设置存梁场地面积且应有所富余。 ②严格按照规范要求对存梁场地进行地基处理。 ③梁场施工前应进行技术交底,明确存梁方式、时间及成品保护的要求

2. 桥梁预制过程不规范

(1) 表现形式

①板梁侧面凿毛不足,如图 4-31 所示。

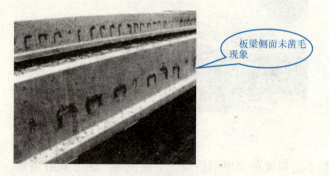

图 4-31 板梁侧面凿毛不足

②放张后未及时切除端头钢绞线并进行防锈处理。

③铰缝钢筋不能完全凿出,如图 4-32 所示。

图 4-32 铰缝钢筋不能完全凿出

④混凝土浇筑后应及时凿出铰缝钢筋，如图 4-33 所示。

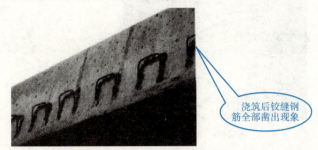

图 4-33　铰缝钢筋全部凿出

⑤预制板梁弹性模量试块制作数量偏少。
⑥顶板厚度不足。
⑦底板混凝土不均匀，砂浆过多。
⑧预应力失效位置不准确。
（2）形成原因与应对措施
桥梁预制过程不规范的形成原因与应对措施见表 4-26。

表 4-26　桥梁预制过程不规范的形成原因与应对措施

项目	内容
形成原因	①施工人员不重视凿毛工作，遗漏施工工序。 ②铰缝钢筋预埋定位措施不当，浇筑后埋深较大，无法凿出。 ③混凝土浇筑后未及时凿出铰缝钢筋，待混凝土强度增长后因凿出钢筋难度增加而不愿再凿。 ④施工人员不熟悉规范中关于弹性模量试块制作数量的要求。 ⑤芯模上浮。 ⑥底模与芯模空隙太小，混凝土无法到达底部。 ⑦未按照设计图纸设置失效长度
应对措施	①强化培训工作并加大现场检查力度。 ②板梁钢筋骨架制作时铰缝钢筋外张角度应较大，使之紧贴模板。 ③混凝土浇筑后应及时凿出铰缝钢筋。 ④严格按规范要求制作弹性模量试块。 ⑤严格按图纸要求设置防上浮箍筋。 ⑥芯模定位要准确、牢固。 ⑦严格按照设计图纸设置失效长度

3. 锚下混凝土质量差

（1）表现形式
①负弯矩张拉工作孔周围混凝土浇筑质量差，有脱皮现象，如图 4-34 所示。

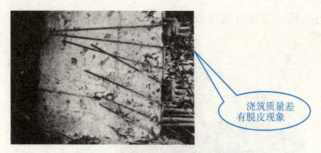

图 4-34　混凝土浇筑质量差有脱皮

②锚下混凝土不密实，甚至出现空洞，如图 4-35 所示。

图 4-35　混凝土不密实出现空洞

③锚下混凝土密实，如图 4-36 所示。

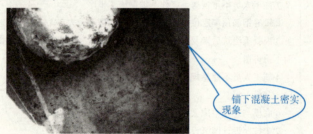

图 4-36　锚下混凝土密实

（2）形成原因与应对措施

锚下混凝土质量差的形成原因与应对措施见表 4-27。

表 4-27　锚下混凝土质量差的形成原因与应对措施

项目	内容
形成原因	①立模位置不准，模板固定不牢。 ②模板接缝密封不好，漏浆导致混凝土不密实。 ③混凝土浇筑振捣时对模板扰动过大，使之产生偏移。 ④振捣工艺控制不当，混凝土振捣不实

第4章 桥梁工程施工常见问题及应对措施

(续)

项目	内容
应对措施	①立模应准确，模板固定牢固，接缝处密封好。 ②混凝土浇筑振捣时应小心，避免对模板产生较大扰动。 ③对于锚下较难振捣的部位应优化施工工艺，可采用小直径振捣设备进行振捣，施工时严格控制，不得漏振

4. 箱梁施工现场管理不善

(1) 表现形式

①梁顶受到污染，如图4-37所示。

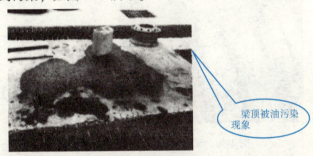

图4-37 梁顶被油污染

②箱体内倾倒废弃混凝土或丢弃模板等杂物，如图4-38所示。

图4-38 箱体内有废弃混凝土杂物

③通气孔堵塞或积水严重。

(2) 形成原因与应对措施

箱梁施工现场管理不善的形成原因与应对措施见表4-28。

表4-28 箱梁施工现场管理不善的形成原因与应对措施

项目	内容
形成原因	①施工人员责任心差。 ②通气孔未及时疏通

(续)

项目	内容
应对措施	①加强现场管理和箱体内巡查力度。 ②严禁在箱体内丢弃杂物。 ③及时疏通通气孔，排除箱体内积水

5. 箱梁梁顶水泥混凝土施工质量差

（1）表现形式

①梁顶出现干缩裂纹、裂缝，如图 4-39 所示。

图 4-39　梁顶局部有干缩裂纹、裂缝

②梁顶混凝土出现松散，如图 4-40 所示。

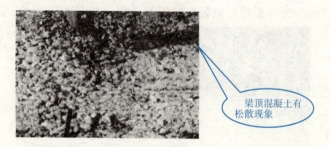

图 4-40　梁顶混凝土出现松散

③梁顶出现脚印，如图 4-41 所示。

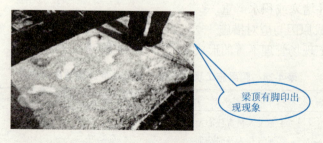

图 4-41　梁顶出现脚印

④梁顶护栏底座位置混凝土凿毛方式不当，表面混凝土松散。

（2）形成原因与应对措施

箱梁梁顶水泥混凝土施工质量差的形成原因与应对措施见表4-29。

表4-29 箱梁梁顶水泥混凝土施工质量差的形成原因与应对措施

项目	内容
形成原因	①混凝土振捣不实。 ②梁顶未收光、整平。 ③未及时养生。 ④混凝土终凝前施工人员在上面走动。 ⑤混凝土终凝前用插捣或划拉方式代替凿毛，致使混凝土表面受到扰动
应对措施	①认真做好混凝土振捣工作。 ②梁顶混凝土施工后应整平、收光、拉毛。 ③及时养生。 ④在混凝土未达到施工规范规定强度前，严禁施工人员在梁顶走动。 ⑤严格按规范要求进行凿毛

6. 箱梁箱体内水泥混凝土施工质量差

（1）表现形式

①箱体内混凝土不密实。

②箱体内混凝土破损、露筋，如图4-42所示。

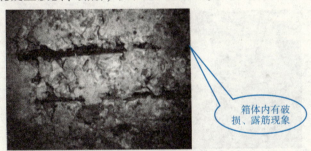

图4-42 箱体内混凝土出现破损、露筋

③箱体内顶板跑模、胀模、变形，如图4-43所示。

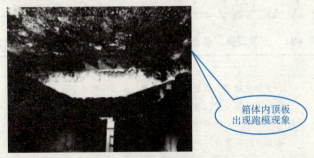

图4-43 箱体内顶板出现跑模

(2) 形成原因与应对措施

箱梁箱体内水泥混凝土施工质量差的形成原因与应对措施见表4-30。

表4-30 箱梁箱体内水泥混凝土施工质量差的形成原因与应对措施

项目	内容
形成原因	①芯模拆模过早造成损伤。 ②内模质量差，模板固定不当。 ③箱体内混凝土振捣不实。 ④钢筋保护层偏薄
应对措施	①待混凝土达到施工规范规定强度后拆除芯模。 ②提高内模刚度，采用有效措施固定内模。 ③箱体内侧混凝土应振捣密实。 ④严格按照图纸设置保护层厚度，在混凝土浇筑前对钢筋保护层厚度进行认真检查

7. 支架现浇、悬浇箱梁线型不顺直

(1) 表现形式

①现浇箱梁梁顶高程偏差较大。

②现浇箱梁外（内）侧线型不顺。

③悬浇箱梁节段断面线型不顺，如图4-44所示。

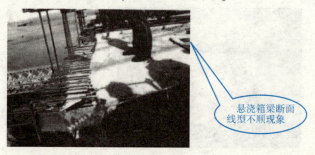

图4-44 悬浇节段断面线型不顺

(2) 形成原因与应对措施

支架现浇、悬浇箱梁线型不顺直的形成原因与应对措施见表4-31。

表4-31 支架现浇、悬浇箱梁线型不顺直的形成原因与应对措施

项目	内容
形成原因	①支架基础未认真处理，支架预压不足，产生下沉。 ②立模位置与设计偏差较大。 ③发生跑模、胀模现象。 ④测量控制系统不准确

（续）

项目	内容
应对措施	①认真处理支架基础，保证支架预压到位。 ②加强模板检查验收工作。 ③使用刚度大的模板并做好模板固定工作。 ④定期复核测量控制点与校核测量仪器。 ⑤设置施工通道，施工人员不得在调整安装好的模板上走动

8. 悬臂现浇箱梁节段间连接处质量问题

（1）表现形式
①节段间高差偏大。
②节段间混凝土不密实，部分出现空洞，如图 4-45 所示。
③节段端头凿毛不规范，浇筑前先浇段端头未充分湿润。
④混凝土徐变变形大。

图 4-45　节段间混凝土不密实，部分出现空洞

（2）形成原因与应对措施
悬臂现浇箱梁节段间连接处质量问题的形成原因与应对措施见表 4-32。

表 4-32　悬臂现浇箱梁节段间连接处质量问题的形成原因与应对措施

项目	内容
形成原因	①施工人员未严格按照立模高程立模。 ②梁顶节段连接处混凝土未整平。 ③节段间混凝土振捣不密实。 ④前一节段混凝土养生时间不足即浇筑下一节段。 ⑤挂篮质量差或用施工单位自行制作的简易挂篮。 ⑥后锚固点不牢固，挂篮整体下沉

(续)

项目	内容
应对措施	①严格按照立模高程立模。 ②对于新旧混凝土结合部分应仔细凿毛和混凝土振捣，浇筑前应湿润已浇段端头。 ③前一节段混凝土强度达到施工规范要求时才可浇筑下一节段。 ④加强后锚固质量，防止挂篮整体下沉。 ⑤采用工厂加工的高质量的定制挂篮。 ⑥加强监控，及时纠偏

4.3.2 预应力施工

1. 预应力钢筋安装不规范

（1）表现形式

①先张法板梁钢绞线定位不准。
②先张法板梁失效管端头未密封或发生破损。
③后张法箱梁波纹管横向定位不准确，多数向内侧偏或者定位不牢。
④后张法箱梁波纹管竖向定位不准确。
⑤预应力钢筋安装使用不规范，发生倾倒，如图 4-46 所示。

图 4-46　预应力钢筋发生倾倒现象

（2）形成原因与应对措施

预应力钢筋安装不规范的形成原因与应对措施见表 4-33。

表 4-33　预应力钢筋安装不规范的形成原因与应对措施

项目	内容
形成原因	①先张法板梁纵向主筋间距偏差较大，与钢绞线位置发生冲突，限制钢绞线定位。 ②失效管材质不符合要求，易破损，尤其在气温较低时。 ③施工人员未认真做好失效管密封工作。 ④施工人员将波纹管向内侧偏移。 ⑤波纹管曲线孔道受骨架钢筋干扰致使曲线孔道难以安装到位

(续)

项目	内容
应对措施	①认真进行钢筋骨架制作，严格控制钢筋间距，当预应力筋受非预应力筋干扰时应请设计单位调整非预应力筋位置。 ②选用材质较好的塑料管作为失效管，并做好密封工作。 ③严格按照设计要求进行预应力钢材布置和波纹管定位。 ④认真复核图纸，如遇到波纹管孔道曲线受骨架钢筋干扰应与设计单位共同商讨方案，不得擅自变更。

2. 预应力钢筋张拉前后发生锈蚀

（1）表现形式

①钢绞线张拉前未及时浇筑混凝土，使钢绞线发生锈蚀，如图 4-47 所示。

②钢绞线出现扭曲、弯折，如图 4-48 所示。

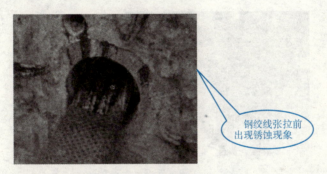

图 4-47　钢绞线张拉前发生锈蚀

图 4-48　钢绞线扭曲、弯折

（2）形成原因与应对措施

预应力钢筋张拉前后发生锈蚀的形成原因与应对措施见表 4-34。

表4-34 预应力钢筋张拉前后发生锈蚀的形成原因与应对措施

项目	内容
形成原因	①钢绞线张拉后未及时浇筑混凝土，使钢绞线发生锈蚀。 ②后张法穿束过早或未采取有效的保护措施，钢绞线发生锈蚀。 ③后张法预应力筋张拉后未及时压浆、封锚，钢绞线锈蚀
应对措施	①先张法板梁应尽量缩短钢绞线张拉与混凝土浇筑的间隔时间，钢绞线放张后应及时封闭端头。 ②后张法施工尽量在临近张拉时穿入，穿入的钢绞线在张拉前应采取必要的保护措施。 ③后张法钢绞线在张拉后应及时压浆、封锚

3. 后张法预应力管道堵管

（1）表现形式

箱梁开窗后无法压浆，如图4-49所示。

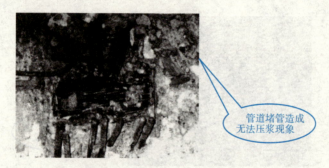

图4-49 箱梁开窗后无法压浆

（2）形成原因与应对措施

后张法预应力管道堵管的形成原因与应对措施见表4-35。

表4-35 后张法预应力管道堵管的形成原因与应对措施

项目	内容
形成原因	①波纹管抗渗漏性能不好或刚度不足。 ②波纹管保管不善，锈蚀严重。 ③波纹管接头处密封不严密。 ④预应力筋穿束或钢筋焊接时损伤波纹管
应对措施	①加强进场波纹管抽检工作，保证波纹管刚度及抗渗漏性能符合规范要求。 ②加强保管环节管理，避免波纹管产生锈蚀。 ③波纹管接头处应用密封胶带或塑料热塑管密封。 ④施工过程中应加强对波纹管的保护，发现损伤，应及时修复或更换。 ⑤应设置临时内衬管

第4章 桥梁工程施工常见问题及应对措施

4. 预应力张拉或放张同条件试块制作不规范

（1）表现形式

①同条件养护试块制作数量不符合规范要求。

②同条件养护试块未随梁同条件养护，或存放于标准养护室内，或在现场单独养护，养护条件与梁体不一致，如图4-50所示。

图4-50 同条件试块未随梁养护

（同条件养护试块未随梁养护现象）

（2）形成原因与应对措施

预应力张拉或放张同条件试块制作不规范的形成原因与应对措施见表4-36。

表4-36 预应力张拉或放张同条件试块制作不规范的形成原因与应对措施

项目	内容
形成原因	施工人员未按照施工规范要求制作同条件养护试块并随梁同条件养护
应对措施	严格按照施工规范要求制作同条件养护试块并随梁同条件养护

5. 预应力施工机具使用不规范

（1）表现形式

①张拉机具未按频率标定。

②张拉用油泵压力表指示不准。

③压浆用压力表损坏，无法控制压力。

④压浆管爆裂。

⑤张拉机具随意摆放。

⑥在太阳光下油表无法读数，如图4-51所示。

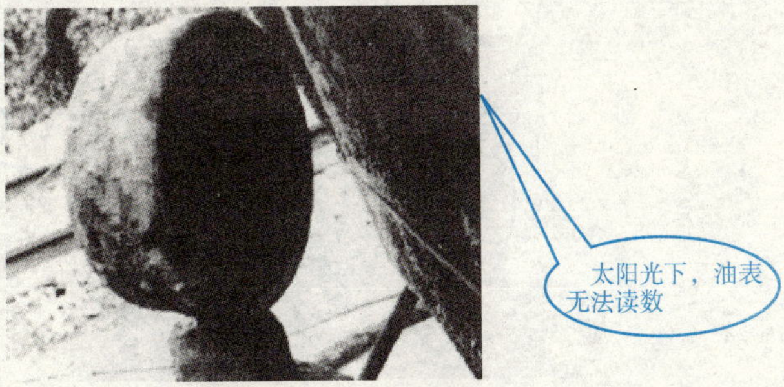

⑦正常状态下的油表如图4-52所示。

（太阳光下，油表无法读数）

图4-51 油表无法读数

图 4-52 正常状态下的油表

(2) 形成原因与应对措施

预应力施工机具使用不规范的形成原因与应对措施见表 4-37。

表 4-37 预应力施工机具使用不规范的形成原因与应对措施

项目	内容
形成原因	①施工单位未按规定频率要求对预应力张拉器具进行标定。 ②预应力施工机具保管不善造成设备损坏或精度达不到要求。 ③液压油混入杂质，油路不畅，油表指针抖动厉害而无法准确读数。 ④压浆管材质差或压浆时压力控制不准，压力偏大
应对措施	①建立预应力机具标定台账并严格定期进行标定。 ②专人负责保管、使用预应力施工机具，保证施工机具完好性。 ③选用质量较好的压浆管并严格控制压浆时的压力。 ④定期更换液压油

6. 预应力筋滑丝、断丝

(1) 表现形式

预应力筋张拉过程中发生滑丝、断丝现象，如图 4-53 所示。

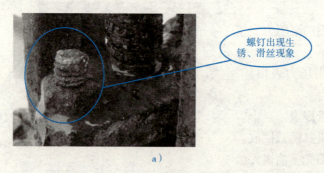

a)

图 4-53 预应力筋滑丝、断丝

第 4 章 桥梁工程施工常见问题及应对措施

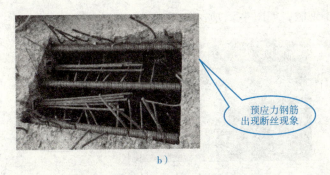

b)

图 4-53 预应力筋滑丝、断丝（续）

（2）形成原因与应对措施

预应力筋滑丝、断丝的形成原因与应对措施见表 4-38。

表 4-38 预应力筋滑丝、断丝的形成原因与应对措施

项目	内容
形成原因	①预应力筋实际直径偏大，致使夹片安装不到位，发生断丝、滑丝。 ②锚夹片硬度指标不合格，硬度过高使其咬伤钢绞线而断丝，硬度过低使其夹不住钢绞线而滑丝。 ③预应力筋局部受损导致强度不足。 ④预应力筋张拉时发生交叉，受力不均匀。 ⑤预应力筋表面浮锈、水泥浆等未清除干净，发生滑丝。
应对措施	①应将实际使用的预应力筋与锚具配套进行锚固性能试验，确保其具有良好的匹配性。 ②按标准要求对锚夹具硬度进行检验。 ③穿束过程中加强检查表面质量，及时切除有损伤的预应力筋。 ④预应力筋编束时，应逐根理顺，不得交错缠绕。 ⑤应将预应力筋表面的浮锈及污染物清理干净。

7. 后张法压浆工艺不规范

（1）表现形式

①张拉后未及时压浆、封锚不完全，如图 4-54 所示。

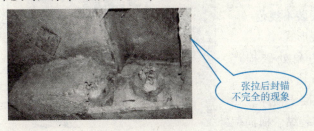

图 4-54 封锚不完全

②压浆不饱满,如图4-55所示。

图4-55 压浆不饱满

③压浆用浆液不合格。

(2)形成原因与应对措施

后张法压浆工艺不规范的形成原因与应对措施见表4-39。

表4-39 后张法压浆工艺不规范的形成原因与应对措施

项目	内容
形成原因	①施工人员不熟悉规范,未及时压浆、封锚。 ②未采用真空辅助压浆或压浆前负压不足。 ③压浆持续时间、压力不符合规范要求或压浆口封堵不严,浆体外流。 ④未按照水泥浆配合比配置浆液
应对措施	①加强培训教育工作,强调不及时压浆、封锚会造成钢绞线锈蚀,对结构物造成巨大损害。 ②宜采用真空辅助压浆且应保证压浆设备正常工作。 ③水泥浆搅拌机转速宜达到1500~2000r/min。 ④压浆口封堵严实,宜采用控制阀门封堵,严格按照规范规定的压力及持续时间进行压浆。 ⑤严格按照批复的配合比配置浆液

4.3.3 梁板安装

1. 梁板安装不规范

(1)表现形式

①梁板边角处破损严重,如图4-56所示。

②挡块混凝土损坏。

③梁板安装纵、横向偏位较大。

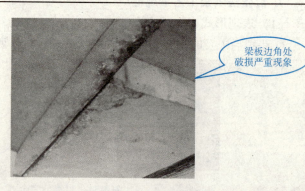

图4-56 梁板边角处破损严重

④相邻板梁错台，如图4-57所示。

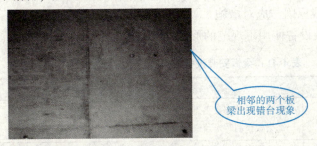

图4-57 相邻板梁出现错台

⑤支座发生剪切变形。

（2）形成原因与应对措施

梁板安装不规范的形成原因与应对措施见表4-40。

表4-40 梁板安装不规范的形成原因与应对措施

项目	内容
形成原因	①施工人员责任心不强，野蛮施工，梁板安装时碰撞较多。 ②板梁安装时一端压在橡胶支座上调整板梁位置，使橡胶支座产生偏移或剪切。 ③相邻板梁起拱值偏差大。 ④梁板安装随意，造成纵、横向偏位较大。 ⑤梁板紧贴挡块，临时限位木塞未清除
应对措施	①加强管理，增强施工人员责任心。 ②板梁调整位置时应脱离支座。 ③张拉应力要控制准确，同一跨梁存梁期应保持一致。 ④严格按照设计图纸要求进行梁板安装

2. 梁板安装设备使用不规范

（1）表现形式

①吊车在安装好的裸梁上起吊，如图4-58所示。

图4-58 吊车在裸梁上起吊

②吊装缆绳直接吊在梁体上。

（2）形成原因与应对措施

梁板安装设备使用不规范的形成原因与应对措施见表4-41。

表4-41 梁板安装设备使用不规范的形成原因与应对措施

项目	内容
形成原因	①梁板吊装方案不当。 ②梁板预制时未预留吊装孔
应对措施	①施工前应认真进行技术交底。 ②详细制定梁板吊装方案，严禁起重机在单板上吊装；起重机宜停在施工便道上。 ③箱梁预制时应预留吊装孔，吊装时钢丝绳应通过吊装孔。 ④用钢丝绳绑扎梁板时应在钢丝绳内垫木板或麻袋，杜绝钢丝绳直接接触、摩擦梁板的棱边。 ⑤加强管理，严格按照规范施工

4.4 桥梁附属工程

4.4.1 桥头跳车

1. 表现形式

①桥头处路基沉陷，路面出现凹形，如图4-59所示。

②车辆行驶到桥头发生明显的颠簸。

图4-59 路面出现凹形

2. 形成原因与应对措施

桥头跳车的形成原因与应对措施见表4-42。

表 4-42 桥头跳车的形成原因与应对措施

项目	内容
形成原因	①桥头处路基,由于路堤填土本身及路堤下地基两者的沉降,而产生大于桥台的沉降差,尤其当桥台基础是桩基时,这一沉降差会更大。因此,桥头处台身与填土间的沉降差,只能减为最少,而不可能完全没有。 ②桥面伸缩缝不平顺或者损坏,造成桥头跳车。埋式伸缩缝,钢板、型钢镶边伸缩缝,由于缝中的塑料胶泥在梁热胀时被挤出,桥面的填料造成跳车,橡胶条伸缩缝,由于橡胶性能所限,夏季梁热胀使橡胶条高于桥面,冬季梁冷缩橡胶条与型钢拉开、跑出,都会发生跳车。 ③桥面铺装碎裂脱落,出现坑洼也会产生跳车
应对措施	①桥台后一定范围内的填土,选用排水和压实性能好的回填材料,并达到最好的压实度,以减少路堤填土的沉降量。换土范围为路堤高度的 2~3 倍。 ②在桥台等结构物与填土部分的连接处,设置钢筋混凝土桥头搭板,桥头搭板采用埋入或半埋入式,并做成一定斜度,使车辆在上桥过程中,路面刚度可逐渐增大至桥面刚度,提高行车的舒适度,为消除表面搭板的下沉,可向板下压入水泥砂浆。桥头搭板长度为 3~8m。 ③对于桩柱式桥台,可以首先进行填方,待填方充分沉降稳定后,再修建桩柱式桥台,从而减少结构物与填土的沉降差。 ④选择使用性能较好的伸缩缝,严把伸缩缝的检验和安装的施工质量关,保证桥面伸缩缝处的平整性和完好。 ⑤采用有效措施,尽量减少桥面铺装层的裂缝。对于出现的裂缝,要及时进行修理,防止产生碎裂或脱落

4.4.2 混凝土漏水

1. 表现形式

桥梁板底面滴水,如图 4-60 所示。

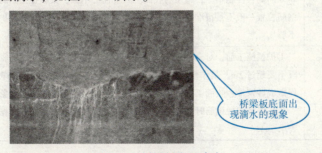

图 4-60 桥梁板底面滴水

2. 形成原因与应对措施

混凝土漏水的形成原因与应对措施见表 4-43。

表 4-43　混凝土漏水的形成原因与应对措施

项目	内容
形成原因	混凝土配合比不合理，粗骨料多、水泥用量少，混凝土不密实，混凝土的抗渗、抗裂性差，铰缝施工没有按设计要求，铰缝混凝土早期破坏
应对措施	①桥面清理干净设防水层、粘结层后，铺设沥青混凝土。 ②已为沥青铺装的可采用稀浆封层等措施，防止漏水

4.4.3　防撞护栏线性不顺、预埋件位置不准

1. 表现形式

护栏出现波浪现象，预埋件不准确，保护层不够。

图 4-61　护栏出现波浪现象

2. 形成原因与应对措施

防撞护栏线性不顺、预埋件位置不准的形成原因与应对措施见表 4-44。

表 4-44　防撞护栏线性不顺、预埋件位置不准的形成原因与应对措施

项目	内容
形成原因	纵向高程控制不严，施工后收面工人责任心不强，梁板在预制时，边板护栏预埋钢筋位置一般不是很准确，在安装护栏钢筋时难免内外侧钢筋保护层不是过大就是不够
应对措施	①护栏施工前，对全桥桥面标高进行测量，施工放样时必须加密，模板制作时节段不要超过 2m，制作模板时，在模板高度上预留 4cm，打点放样后每点测量出高程做成砂浆带；收面工人责任到人，专人收面，避免出现波浪现象。 ②在安装护栏钢筋时先对梁板预埋钢筋进行挂线校正，使内外保护层都达到设计要求

第 5 章　隧道工程施工常见问题及应对措施

5.1　洞口与明洞工程

5.1.1　滑坡

1. 表现形式

洞口挖方破坏了之前坡面的平衡状态，或者说是在原地层滑坡线上开挖之后隧道的洞口处会出现滑坡的现象，如图 5-1 所示。

洞口如果进行挖方之后破坏到了原本洞口的结构，或者说是在原地层滑坡线上开挖之后隧道的洞口处会出现滑坡

图 5-1　滑坡现象现场图

2. 形成原因与应对措施

滑坡现象的形成原因与应对措施见表 5-1。

表 5-1　滑坡现象的形成原因与应对措施

项目	内容
形成原因	①洞口挖方破坏了原坡面的平衡状态。 ②在原地层滑坡线上开挖。 ③地表排水会造成土体自重加大、下滑力增强、滑带土的抗剪力增大，同时导致地下水资源中的动力压力增强，破坏洞口稳定性，造成滑坡
应对措施	①设置抗滑桩以及挡土墙。 ②先对滑坡体后缘结构进行削方处理，然后再对洞口上部的覆盖层进行清理。 ③合理地设置地表排水系统，改善洞口滑体结构的稳定性。 ④对原坡面土体进行地表锚杆的设置

5.1.2 洞口坍塌

1. 表现形式

在隧道施工过程中，洞口部位经常出现坍塌，导致洞口堵塞，干扰洞内正常施工，延误工期，甚至会出现人员伤亡事故。多数隧道洞口部位地质条件不良，土质松散，稳定性差，开挖隧道又破坏了原有的土体平衡状态，开挖不好，特别在雨水的作用下易产生坍塌现象，如图 5-2 所示。

（地表水渗透或雨水冲刷使隧道洞门边破坏了原有的土体平衡状态，造成洞口坍塌）

图 5-2　洞口坍塌现场图

2. 形成原因与应对措施

洞口坍塌现象的形成原因与应对措施见表 5-2。

表 5-2　洞口坍塌现象的形成原因与应对措施

项目	内容
形成原因	①地表水渗透或雨水冲刷使隧道洞门边、仰坡失稳，造成洞口坍塌。 ②洞门边、仰坡开挖采用大爆破作业方式，对隧道洞口围岩产生扰动，造成隧道洞口坍塌。 ③洞口围岩松散软弱，自稳性能差，进洞施工方案不妥。 ④洞口边仰坡开挖后防护不及时
应对措施	①在洞口边仰坡开挖前先施工洞顶截、排水沟，防止地表水冲刷边仰坡。 ②洞口边仰坡严格按照设计要求开挖，边开挖边防护，做好锚、网、喷防护工作，防止雨水冲刷。 ③根据洞口围岩情况制定相应的施工方案，软弱围岩做好超前支护，并预留核心土开挖进洞；围岩较好，可采用超前小导管进洞，一般严格按照设计支护类型施工，局部适当加强，方可安全进洞。 ④洞口一般沉降量较大，衬砌施工时间较晚，施工时根据围岩情况适当增大沉降预留量，防止因围岩变形而侵占衬砌净空。 ⑤清除洞口上方可能滑塌的表土、树木及危石等；石质地段爆破后，应及时清除松动石块，土质地段开挖后应及时夯实整平边仰坡。 ⑥不得采用深眼大爆破开挖边仰坡，开挖的土石方不得弃在危害边仰坡稳定的地点，洞口支挡工程应结合土石方开挖一并完成

如果隧道洞口或明洞发生了坍塌的现象，需要及时解决以下两个问题：

（1）先做好防、排水工作

由于坍塌导致了原有的边、仰坡顶部的截水沟局部产生了开裂，甚至局部还出现了破坏现象，为了防止地表水和雨水渗透使坍塌体再次产生失稳现象，以致出现再次坍塌使后果更严重，因此必须先完善防、排水设施。具体做法就是对开裂了的和破坏了的截水沟全部重做，对坡面上喷射混凝土开裂但下一步又不需清除的部分，用水泥浆进行裂缝处理，同时用防水布覆盖以便防止雨水渗漏。

（2）及时加固未坍部分，防止再次坍塌

坍塌后应及时采取加固措施，防止坍塌范围继续扩大。坍塌时除坍塌的边、仰坡外，还拉动了其他相邻的边、仰坡产生了开裂，坍塌了的边、仰坡应当清除后进行加固，但在此前应当先对周边开裂了的边、仰坡进行加固。对边、仰坡采用喷锚支护对坡体进行有效的加固，在局部开裂严重的地方采用内插一根注浆小导管的做法，并用水泥浆对裂缝进行灌缝处理。对开裂不大的地方采用内插相应的砂浆锚杆的做法。

5.1.3 洞口出现偏压

1. 表现形式

当隧道洞口位于山坡不稳定、地形条件较差处，且隧道顶两侧土体厚度严重不一致，即为偏压现象。如果处理不当，可能会出现隧道开裂，严重时发生坍塌事故，如图 5-3~图 5-5 所示。

图 5-3 洞口出现偏压现场图

图 5-4 进洞前未对偏压山体处理产生山体滑移现场图

隧道洞口山坡不稳定，处理不当，产生隧道洞口的开裂

图 5-5 偏压造成的洞口开裂现场图

2. 形成原因与应对措施

洞口出现偏压现象的形成原因与应对措施见表 5-3，偏压防止措施示意图如图 5-6 所示。

表 5-3 洞口出现偏压现象的形成原因与应对措施

项目	内容
形成原因	①由于地形的非对称性，作用在隧道横断面上的荷载不平衡，加大隧道结构上的压力，导致结构剪切破坏。 ②当隧道洞口位于山坡不稳定、地形条件较差处，且隧道顶两侧土体厚度严重不一致，即为偏压现象。如果处理不当，可能会出现隧道开裂，严重时发生坍塌事故
应对措施	①平衡压重填土，即对地形较低侧进行填土夯实，增加侧压力，当填土达到一定高度后，两侧压力基本平衡时再开挖洞口。 ②隧道边墙基础应设在稳固的岩层上，否则应设混凝土基础。 ③隧道拱圈应采用钢筋混凝土结构，且外墙尺寸加厚，必要时应加设仰拱，以增强隧道结构的整体抗变形能力

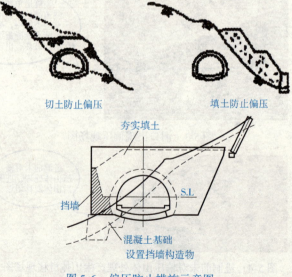

图 5-6 偏压防止措施示意图

5.1.4 洞口出现泥石流

1. 表现形式

隧道洞口周边土体或洞口上方主体稳定性较差，在遭遇大暴雨、地震等不可抗力因素时，可能会产生泥石流现象，如图 5-7 所示。

图 5-7 洞口出现泥石流示意图

2. 形成原因与应对措施

洞口出现泥石流现象的形成原因与应对措施见表 5-4。

表 5-4 洞口出现泥石流现象的形成原因与应对措施

项目	内容
形成原因	①泥石流的冲击力极大，多从沟谷冲下，危害结构物安全。 ②当洞口或上方的土体或岩体稳定性不强时，遭遇大暴雨或地震等不可抗力的因素
应对措施	沿沟谷设置梯形防沙坝

5.1.5 明洞衬砌开裂和错位

1. 表现形式

如果在设置明洞时，地基承载力达不到规定的要求、沉降缝设置的不合理等，就会出现明洞衬砌拱部出现裂缝，如图 5-8 和图 5-9 所示。

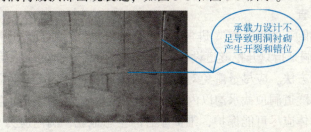

图 5-8 明洞衬砌产生开裂和错位现场图

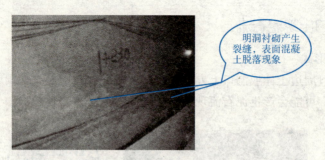

图 5-9　明洞衬砌产生开裂及洞身表面混凝土脱落现场图

（明洞衬砌产生裂缝，表面混凝土脱落现象）

2. 形成原因与应对措施

明洞衬砌开裂和错位现象的形成原因与应对措施见表 5-5。

表 5-5　明洞衬砌开裂和错位现象的形成原因与应对措施

项目	内容
形成原因	①明洞地基承载力达不到要求或地基承载力不均时，沉降缝设置不合理。 ②明洞地基超挖后，未按要求进行处理。 ③明洞基础混凝土浇筑前，基底虚渣、积水、杂物等未清理干净。 ④衬砌未达到设计强度即进行回填或回填不规范。 ⑤拆模时间过早。
应对措施	①明洞基础浇筑前，应对基坑进行核查验收。 ②基底出现超挖时，应采用浆砌片石或片石混凝土或同级混凝土回填，或按设计要求处理。 ③浇筑基础混凝土前，应先清除基坑虚渣、积水、杂物等。 ④根据现场不均匀的地质条件，调整沉降缝位置或增设沉降缝。 ⑤明洞回填应在衬砌混凝土达到设计强度后进行，且明洞两侧应分层对称回填

5.1.6　洞口与明洞工程的相关规定

1）隧道洞口开挖前，施工单位应编制隧道进洞专项施工方案，监理工程师应组织专项审查。

2）积极推广"零开挖"进洞理念，遵循"早进洞、晚出洞"施工原则。"零开挖"进洞是指只开挖隧道设计断面，保留设计断面之外原始植被的一种隧道进出洞施工方法。应尽量避免对山体的大挖大刷，适当延长明洞和隧道长度；禁止砍伐破坏隧道洞顶截水沟以内植被，分离式隧道中间山体和连拱隧道中导洞开挖时两侧山体应尽可能保护，维护原有的生态地貌，洞门应力求与自然环境、人文景观相协调。

3）隧道进洞前，应按照规范要求完成以下几项工作：
①隧道进出口进行联测，且误差符合规范要求。
②洞顶的沉降观测点已布设完成，并取得第一组数据。
③洞顶截水沟已砌筑完成，洞口初步形成畅通的排水系统。
④边仰坡临时防护已完成，边坡稳定。
⑤二次衬砌台车已进场。

4）施工单位进场后，应及时测量放出隧道边仰坡大样，采用彩条旗现场勾出开挖边界，与建设单位、设计单位、监理单位一起现场察看是否与设计一致，是否存在采用"零开挖"技术的条件，通过开挖许可后方可进行隧道边仰坡开挖。

5）洞口设有明洞且洞口地质情况相对较好的隧道，可先进暗洞，由内向外施作洞口明洞，再进行洞身段开挖、初支和二衬施工。

6）当洞口围岩条件较差时，要严格控制进洞施工顺序。应在完成套拱和超前大管棚后，立即进行明洞主体施工，然后再进行暗洞浅埋段施工。

7）隧道二次衬砌施工 50m 后应进行洞门及边仰坡绿化工程的施工。洞口前的桥梁、涵洞及路基等相关工程应及时安排施工，为隧道提供施工场地。

5.2 洞身开挖工程

5.2.1 洞身坍方及冒顶

1. 表现形式

出现大量超挖，增大出渣量和填塞量，造成人员伤亡、机械设备损坏，影响工期，增大投资，如图 5-10 和图 5-11 所示。

图 5-10　洞身坍方现场图

隧道洞身开挖量过大，造成周围土体下陷，形成冒顶

图 5-11　洞身冒顶现场图

2. 形成原因与应对措施

洞身出现坍方及冒顶现象的形成原因与应对措施见表 5-6。

表 5-6　洞身出现坍方及冒顶现象的形成原因与应对措施

项目	内容
形成原因	①隧道开挖中，围岩地质条件发生变化，岩质由硬变软，或出现断层破碎带、梯形软弱带等不利地质情况而未及时改变开挖方法、支护方式。 ②未严格按钻爆设计要求钻孔、装药；孔间距不符合要求或过量装药，爆破后使洞壁围岩过于破碎，裂缝深大而坍落；或爆破震动过大，造成局部围岩失稳而坍方、冒顶。 ③施工组织管理不善，工序衔接不当，支护不及时，采用支护方式不妥，衬砌未及时跟进。 ④忽视对开挖面和未衬砌面、未支护段围岩变化情况的监测检查，或对已发现的险情未及时处理。
应对措施	①隧道开挖中，如发现围岩性质、地质情况发生变化，应及时对所用的掘进方法、支护方式做相应调整，以适应新的围岩条件，确保安全施工。 ②施工操作人员应严格按钻爆设计要求钻孔、装药、爆破，严格禁止超量装药，爆破工必须经培训合格方能上岗，避免人为因素造成坍方冒顶。 ③加强施工组织管理，严格按施工组织设计施工，各工序应有序跟进，相互衔接；如因施工组织设计中开挖、支护方式与实际开挖围岩情况不相适应，应及时做出调整。 ④加强对开挖面、未支护及未衬砌面围岩变化情况的监测和检查，如有坍方、冒顶征兆要及时加强支护；对已支护地段也要经常检查有无变形或破坏，锚杆是否松动，喷射混凝土是否开裂掉落等。一经发现应立即补救，采取适当方式加固处理

5.2.2　隧道爆破开挖效果差

1. 表现形式

光面爆破效果差，超欠挖严重；断层、破碎带开挖局部坍塌。如图 5-12 和图 5-13 所示。

图 5-12 光面爆破效果差现场图

图 5-13 隧道洞身超挖现场图

2. 形成原因与应对措施

隧道爆破开挖效果差现象的形成原因与应对措施见表 5-7。

表 5-7 隧道爆破开挖效果差现象的形成原因与应对措施

项目	内容
形成原因	①没有根据围岩情况的变化及时调整爆破参数。 ②周边眼位置不准确，外插角偏大或不一致。 ③爆破工责任心不强，未按照钻爆设计的装药结构、装药量和雷管的段数进行装药。 ④技术人员测量开挖轮廓尺寸不够准确。 ⑤未进行超前地质预报，对断层破碎带未做预处理。 ⑥未及时改变开挖及支护方法，盲目追求进度
应对措施	①根据围岩情况进行爆破设计，并根据围岩变化及时调整爆破参数。 ②周边眼定位要准确，炮眼应平直、平行，炮眼间距严格按照钻爆设计要求布置。 ③软弱围岩边墙宜采用预裂爆破，拱部宜采用光面爆破，并预留沉落量。 ④加强爆破工的责任心，提高业务水平。施工中严格按照钻爆设计的装药结构、装药量和雷管段数进行装药；周边眼采用小药量间隔装药，导火索引爆。 ⑤测工应每个循环均对开挖断面进行准确测量。测量实行双检制，每开挖 10m，对中线、标高和轮廓线进行一次复查。

(续)

项目	内容
应对措施	⑥控制超欠挖，欠挖应凿除，超挖部分在允许范围内，应按照同级混凝土回填；超出允许范围，应根据相关规范做出方案报批后实施回填作业。 ⑦加强超前地质预报，及时分析塌方地段地质的特征。 ⑧根据地质特征，及时调整开挖方法、开挖进度、支护方法、爆破参数。 ⑨增加管棚、超前小导管或超前锚杆等超前预支护措施，防止坍塌。 ⑩对于超挖部位，在初支拱架架设完成时，首先利用初支喷射混凝土，分层间隔填平至初支轮廓面，确保初支背面无孔洞存在。 ⑪欠挖部位，可人工进行二次光面爆破。不具备爆破部位可用小型挖机进行机械破除。 ⑫存在破碎带时，停止开挖，首先施做超前小导管支护，支护强度满足要求后方可继续开挖

3. 超欠挖相关规定

①应严格控制欠挖。拱、墙脚以上1m内断面严禁欠挖。

②应尽量减少超挖，不同围岩地质条件下的平均和最大允许超挖值应符合规范《公路隧道施工技术》（JTG/T 3660—2020）有关规定。

③应采用光面爆破、提高钻眼精度、严格控制单响药量等措施，并提高作业人员的技术水平。

④隧道的开挖轮廓应按设计和相关规范要求预留变形量，并根据监控量测信息进行调整。

5.2.3 开挖通风防尘不畅

1. 表现形式

在隧道掘进施工过程中，经常出现洞内空气污浊、粉尘浓度大、温度高，使施工作业人员明显感到缺氧、呼吸困难等现象，甚至产生头晕呕吐现象，影响正常的安全生产及人身健康，如图5-14所示。

图5-14 隧道开挖时通风防尘不畅现场图

2. 形成原因与应对措施

隧道开挖时通风防尘不畅现象的形成原因与应对措施见表 5-8，应对措施示意图如图 5-15 ~ 图 5-17 所示。

表 5-8 隧道开挖时通风防尘不畅现象的形成原因与应对措施

项目	内容
形成原因	①随着坑道开挖，不断向山体延伸，由于洞内空气稀薄且不能流通，使洞内氧气大大减少。 ②由于某种原因钻眼、施工爆破、清渣装渣以及喷射混凝土使岩渣内的粉尘飞扬。 ③由于炸药爆炸产生的有害气体、施工时各类内燃机械及运输汽车排出的尾气，以及开挖时地层中放出有害气体不能及时排除
应对措施	①采用湿式凿岩法，即打"水风钻"，可使岩粉湿润，减少扬尘。 ②在隧道掘进过程中要经常喷雾洒水，这样不仅降低了粉尘浓度，还可溶解少量的有害气体，降低洞内温度，使洞内空气清新。 ③机械通风要经常化，以稀释空气中有害气体及粉尘浓度。 ④尽量使用先进的、尾气排放符合国家规定的设备。 ⑤洞内施工人员要戴防尘口罩进行作业，做好个人防护。 ⑥立即停止作业，出洞呼吸新鲜空气或吸氧。 ⑦加强洞内喷雾洒水。 ⑧提高机械通风的强度，使供应洞内每人每分钟的新鲜空气不小于 $3m^3$，若给瓦斯逸出地段通风，应将新鲜空气送至开挖面，并用排风管将瓦斯气体排出洞外，不允许瓦斯气流入隧道后方

图 5-15 机械通风设备

图 5-16 施工人员佩戴防尘面具

图 5-17 隧道内部设置洒水车

（利用洒水车对隧道内部进行洒水除尘）

5.2.4 喷射混凝土质量问题

1. 表现形式

①喷射混凝土脱离甚至塌落，如图 5-18 所示。

图 5-18 混凝土脱落现场图

（拱顶区域喷射施工难度大，在进行喷射混凝土时，混凝土易脱落）

②喷射混凝土层中应力增大，产生裂缝和剪切破坏或者喷射不均匀，如图 5-19 和图 5-20 所示。

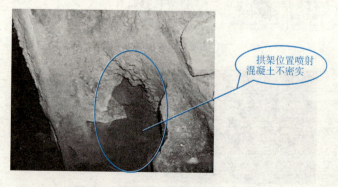

图 5-19 拱架位置喷射混凝土不密实

（拱架位置喷射混凝土不密实）

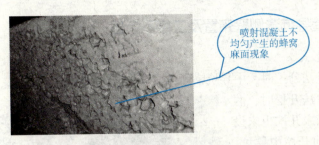

图 5-20 喷射混凝土不均匀产生的蜂窝麻面现象

2. 形成原因与应对措施

喷射混凝土时产生的质量问题的形成原因与应对措施见表 5-9。

表 5-9 喷射混凝土时产生的质量问题的形成原因与应对措施

项目	内容
形成原因	①受喷面粉尘、杂物未清除或清除不彻底，松动危石未清除，松动石块存有较大空隙，混凝土受遮挡无法喷入。 ②喷射混凝土所用的材料不合格或混凝土配比不合适，养生不及时或养生时间不足。 ③开挖爆破距喷射混凝土作业完成时间间隔过短，受爆破冲击、振动，受喷面平整度太差，高低起伏过大或钢筋网钢筋过粗
应对措施	①喷射混凝土作业前应对受喷面用高压风或水彻底清除干净，对松动石块、危石或遮挡物用人工彻底清除。 ②喷射混凝土所用的各种材料必须合格，宜采用普通硅酸盐早强水泥，等级不低于 32.5 级，混凝土配合比应通过试验确定，拌制的混凝土有良好的流动性、和易性并满足设计强度和喷射工艺要求；为减少回弹量，喷射混凝土应均匀、分层进行施工，直至达到设计厚度。 ③混凝土终凝 2h 后应喷水养生，经常保持其表面湿润，养生不得少于 7d。 ④严格控制开挖爆破距喷射混凝土作业完成时间间隔，对于受喷面高低起伏过大的应事先对低洼处用喷射混凝土作找平处理，个别凸出的地方应予凿除

3. 喷射混凝土相关规定

①喷射混凝土禁止干喷，宜在软弱及有水地层采用潮喷工艺施工，在硬岩少水地层采用湿喷工艺施工。

②液体速凝剂应采用环保无碱速凝剂。

③喷射混凝土配合比应通过试验确定并满足设计强度和喷射工艺的要求。

④隧道开挖后及时初喷，硬岩地段复喷作业距离掌子面不得大于 60m，软岩地段初期支护应紧跟掌子面。

⑤施工应配备备用设备，保证施工连续性和及时性。

5.2.5 侧壁导坑法侧壁布置及工序不合理

1. 表现形式

①双侧壁法开挖时,中导坑横断面宽度太小,如图 5-21 所示。

②双侧壁法开挖时,两侧下半断面尚未开挖也未设置临时仰拱即开挖中导坑,或两侧壁导坑下台阶已开挖,但支护尚未成环即开挖中导坑。中导坑开挖过早,导致临时支撑作用减弱或失效,如图 5-22 所示。

图 5-21 中导坑横断面宽度太小现场图

③单侧壁导坑法施工时,两侧导坑上台阶掌子面平行开挖,导致侧壁临时支撑作用减弱或失效,如图 5-23 所示。

图 5-22 中导坑失效现场图

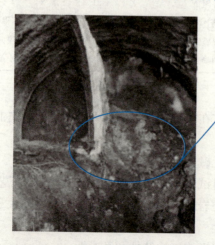

图 5-23 侧壁临时支撑失效现场图

2. 形成原因与应对措施

侧壁导坑法侧壁布置及工序不合理产生的质量问题的形成原因与应对措施见表 5-10。

表 5-10　侧壁导坑法侧壁布置及工序不合理产生的质量问题的形成原因与应对措施

项目	内容
形成原因	①对采用侧壁导坑法施工的作用和原理不清楚。 ②对侧壁导坑法的正确施工工序不清楚，设备配套不合理
应对措施	①正确理解双侧壁导坑法施工的作用，严格按施工工序进行施工，如图 5-24 所示。 ②各导坑下断面及仰拱开挖后，应立即进行支护并及时封闭成环。 ③双侧壁导坑施工时，应在两侧导坑支护闭合后再开挖中导坑，最后拆除临时支护，如图 5-25 所示

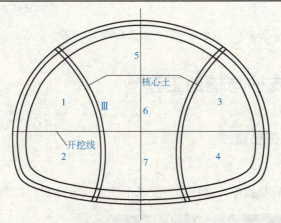

图 5-24　双侧壁导坑施工法

图 5-25　仰拱封闭完成后拆除侧壁支护

3. 侧壁导坑法相关规定

①双侧壁导坑法适用于浅埋大跨度隧道及地表下沉量要求严格而围岩条件很

差的情况。

②分部开挖隧道两侧导坑，并进行初期支护，再分步开挖剩余部分，其施工步骤如图 5-26 所示。

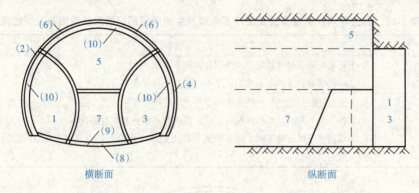

图 5-26　双侧壁导坑法施工横断面及纵断面示意图

5.3　初期支护与辅助工程

5.3.1　锚杆支护质量差

1. 表现形式

①锚杆间距偏差超标，锚杆孔内注浆不规范或未注浆，如图 5-27 所示。

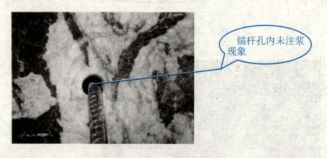

图 5-27　锚杆孔内未注浆

②锚杆锚固有效长度不足，如图 5-28 所示。
③锚杆与围岩固结力、抗拔力达不到设计要求。
④锚杆与主要岩石结构层面垂直度偏差过大，致使锚固厚度不足，影响锚固效果。
⑤锚杆未安装锚垫板导致杆体松动，失去锚固作用，如图 5-29 所示。

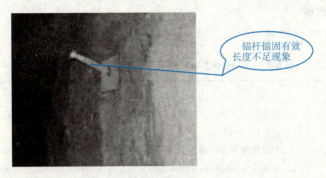

图 5-28　锚杆锚固有效长度不足

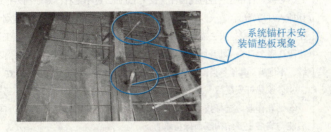

图 5-29　系统锚杆未安装锚垫板

⑥锚杆脱落或与围岩一起掉落,超前小导管未按设计角度进行,导致支护质量下降,如图 5-30 所示。

图 5-30　超前小导管未按设计角度施工

2. 形成原因

锚杆施工存在问题的原因可大体分为三类,见表 5-11。

表 5-11　锚杆施工存在问题的原因

原因分析	举例内容
设计缺陷	三台阶施工中受空间限制,拱顶部分的锚杆无法施工
工艺本身	中空注浆锚杆在注浆环节中存在不利于控制的因素,导致注浆不饱满
管理原因	施工队伍偷工减料,施工不规范,工人偷懒等

3. 应对措施

锚杆施工中针对遇到的问题做出的应对措施见表 5-12。

表 5-12　锚杆施工中针对遇到的问题做出的应对措施

项目	内容
应对措施	①钻孔前应严格按设计要求正确定出孔位，标以明显标记，成孔孔位实际偏差应控制在 ±15mm 以内。 ②钻孔深度要逐孔量测并记录，水泥砂浆锚杆其孔深偏差应控制在 ±50mm 以内，其他类型锚杆应保证杆体有效长度。注浆锚杆在注浆后应迅速将杆体插入，插入长度不小于设计长度的 95%，各类锚杆应按设计及施工规范要求仔细操作安设。 ③砂浆锚杆钻孔直径应比锚杆直径大 15mm，过小则杆体难于插入，过大则砂浆在杆体插入时易流出，造成砂浆不饱满，使锚杆与孔壁粘结不实，降低固结力、抗拔力，甚至出现杆体活动，失去锚杆作用。因此，钻孔直径未达到要求的应返工。注浆时注浆管应距孔底 5~10cm 处开始注浆，并随水泥浆的流入缓慢均匀地拔出，以防水泥浆不连续、不饱满，其他各类锚杆要确保其锚头、托板、螺母、药卷功能有效。 ④砂浆锚杆安妥后，要防止人、机对杆体的碰击，杆头 3d 内不得挂重物。 ⑤钻孔作业应选择技术水平较高的人员操作，以正确掌握钻杆方向，使锚杆安设后能与岩层主要结构层面保持垂直。 ⑥注浆用水泥砂浆配比宜为水泥：水 = 1:1~1.5，0.45~0.5，过稀难于灌满钻孔，过稠锚杆难于插入。施工时要做到随拌随用，并在初凝前用完，所用砂子直径不应大于 3mm，使用前应过筛，注浆孔口压力不得大于 0.4MPa。 ⑦应按锚杆总数 1% 且不少于 3 根做抗拔力试验，其标准为 28d 抗拔力≥设计值，最小抗拔力应≥0.9 倍的设计值。 ⑧软弱围岩及土砂围岩中应加长锚杆长度或采用辅助施工方法加固围岩

4. 锚杆支护相关要求

①隧道锚杆施工质量执行工后检测，挂防水板之前，监理工程师对隧道锚杆长度、数量、注浆饱满度进行检测，抽检频率不低于 1%。

②为保证拱部锚杆的施作质量，要求对拱部锚杆采用专门锚杆机进行施作，锚杆机性能应适合硬岩条件下的钻孔要求。侧墙及拱腰部位可采用一般凿岩机钻孔。

③所有锚杆都应安装垫板，垫板应与喷射混凝土紧密接触。

④锚杆施工宜在初喷后及时进行，Ⅳ、Ⅴ级围岩的系统锚杆尾端应预留足够长度，确保锚杆垫板能够在复喷完成后安装，以便于锚杆质量检测。锚杆头采用专用防护套保护，避免刺破防水板。锚杆位置应用红漆标识明显。

⑤隧道现场监理工程师应准备锚杆验收专用记录本。对每次锚杆的检查验收，应详细注明锚杆施作的里程桩号、围岩等级、锚杆施作情况、设计数量、实

做数量等。每期锚杆计量应附隧道现场监理工程师签认的锚杆验收记录复印件，隧道锚杆严禁"长杆短做、以短代长"作弊行为。

⑥对中空锚杆的注浆，监理工程师应有旁站记录，严禁不注浆行为。

⑦全长粘结式锚杆安设后不得敲击，其端部 3d 内不得悬挂重物。

5.3.2 衬砌混凝土开裂及拱顶下沉

1. 表现形式

在施工中，由于测量或者设计上的失误，或者是在隧道的衬砌结构与围岩实际荷载不相符的情况下，容易出现衬砌混凝土的开裂和拱顶下沉，开裂损害外观形象，出现渗漏水病害，严重的会使衬砌垮塌；拱顶下沉会影响隧道的净空高度，如图 5-31 和图 5-32 所示。

图 5-31　拱顶下沉现场图

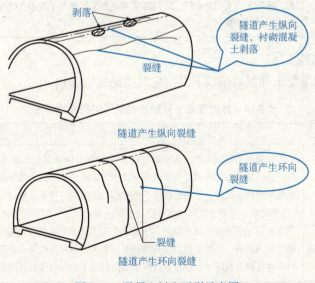

图 5-32　混凝土衬砌开裂示意图

2. 原因分析

产生衬砌混凝土开裂及拱顶下沉的原因主要有两个：一是设计方，隧道设计时，因围岩级别划分不准、衬砌类型选择不当，造成衬砌结构与围岩实际荷载不相适应引发裂损病害；二是施工方，施工时受技术条件限制，方法不当，管理不善，造成工程质量不良。具体的原因分析见表 5-13。

表 5-13　衬砌混凝土开裂及拱顶下沉的原因分析

原因分析	内容
设计方	①对一些具有膨胀性围岩地段，未采取曲墙加仰拱衬砌。 ②偏压地段未采用偏压衬砌。 ③断层破碎带褶皱区等局部围岩松散压力或构造应力较大地段，衬砌结构未能相应采取加强措施。 ④对基底软弱和易风化泥化地段，未设可靠防排水设施，混凝土铺底厚度及强度不足
施工方	①拱顶与围岩不密贴，在"马鞍形"受力作用下，拱腰内移张裂，相应拱顶上移，内缘受挤压。填筑混凝土衬砌拱背部位常出现拱顶衬砌与围岩不密贴的空隙，由于不及时压浆回填密实，就形成拱腰承受围岩较大荷载，而拱顶一定范围空载，这种常见的与设计拱部荷载不相符、对拱部衬砌不利的"马鞍形"受力状态，正是导致拱腰内移张裂、相应拱顶上移、内缘受挤压等常见病害产生的荷载条件。 ②由于施工测量放线发生差错、欠挖、模板拱架支撑变形、坍方等原因，而在施工中未能妥善处理，造成局部衬砌厚度偏薄。 ③过早拆除模板支撑，使衬砌承受超出容许范围的荷载，易发生裂损。 ④施工质量管理不善，混凝土材料检验不力，施工配合比控制不严，水灰比过大，混凝土捣实质量不佳，拱部浇筑间歇施工形成水平状工作缝等，造成衬砌质量不良，降低承载能力

3. 应对措施

对于衬砌混凝土开裂及拱顶下沉的应对措施见表 5-14。

表 5-14　衬砌混凝土开裂及拱顶下沉的应对措施

项目	内容
应对措施	①加强地质勘探工作，为隧道衬砌结构设计提供准确的工程地质与水文地质资料。采用地质雷达探测、开挖面超前钻探等方法进行超前地质预报，加强施工中的地质复查核实工作，正确选择施工方法和衬砌断面。对不良地质地段衬砌，应贯彻"宁强勿弱，宁曲勿直，加强衬砌过渡段，宁长勿短"的设计原则。 ②采用先进的施工技术设备，尽量减少施工对围岩的扰动，提高衬砌质量。大力推广光面爆破、锚喷支护，提高喷混凝土永久性衬砌的抗裂、抗渗性能。采用模板台车进行模筑混凝土，进行壁后压浆提高混凝土衬砌与围岩之间的密实性

5.3.3 初支拱架常见的问题

1. 表现形式

在支设拱架的时候，由于一些工人的技术不高、管理人员管理不到位等原因，会造成拱架加工几何尺寸不规范、钢架连接板未焊接、支护后的空洞深度较大、不设置纵向钢筋、钢筋网布置间距较大、初期支护变形和开裂等，如图 5-33 ~ 图 5-37 所示。

图 5-33　钢筋网间距较大现场图

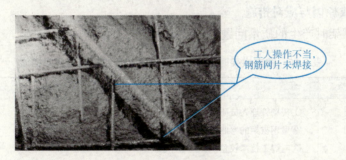

图 5-34　钢筋网片未焊接

图 5-35　支护后的空洞深度较大现场图

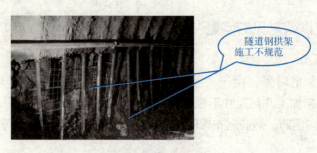

图 5-36 隧道钢拱架施工不规范现场图

图 5-37 初期支护的变形和开裂

2. 形成原因与应对措施

初支拱架时产生的质量问题的形成原因与应对措施见表 5-15。

表 5-15 初支拱架时产生的质量问题的形成原因与应对措施

项目	内容
形成原因	①现场管理人员质量意识较差。 ②型钢拱架的弯曲设备对两端的弧度控制有偏差。 ③电焊工技术较差，责任心不强
应对措施	①加强现场管理人员的质量意识，拱架架立间距偏差控制在 ±50mm。 ②型钢拱架的每节弯曲时，两端 60cm 范围内的弧度要严格控制，确保整个拱架几何尺寸。 ③提高电焊工的业务水平，增强责任心，确保连接板和拱架之间的焊接质量。 ④钢架连接不牢固部位应采取加焊措施，对于钢拱架间距过大的，采取中间增加一榀的方式，及时施工喷射混凝土封闭，拱脚处增加锁脚锚杆

3. 钢拱架设置相关规范要求

①钢架安装前应检查开挖断面轮廓、中线及高程。

②钢架安装应确保两侧拱脚放在牢固的基础上。拱脚高度应低于上半断面底线 15~20cm，当拱脚处围岩承载力不够时，应向围岩方向加设钢垫板、垫梁或

浇筑强度不低于 C20 水泥混凝土以加大拱脚接触面积。

③钢架应分节段安装，节段与节段之间应按设计要求连接。连接处用系筋固定（系筋为长 1m $\phi 22$ 锚杆钢筋），连接钢板平面应与钢架轴线垂直，连接钢板连接紧密。

④相邻两榀钢架之间应用纵向钢筋连接，内外交错布设，连接钢筋直径不应小于 18mm，连接钢筋环向间距不应大于 1.0m。

⑤钢架安装应做到上、下、左、右允许偏差 ±50mm，钢架倾斜度应小于 2°。

⑥钢架在初喷混凝土后安装，应尽可能与围岩或初喷面密贴，有间隙时应采用混凝土垫块楔紧，严禁采用片石回填。

⑦钢架应严格按设计架设，间距应符合设计要求，拱架安装位置应进行标注，并编写号码，进洞前应进行试拼。

⑧下导坑开挖时，预留洞室的位置也要按设计要求进行支护，在施工二衬时方可拆除。

⑨钢架安装就位后，钢架与围岩之间的间隙应用喷射混凝土充填密实，并使钢架与喷射混凝土形成整体。喷射混凝土应由两侧拱脚向上对称喷射，并将钢架覆盖，临空一侧的喷射混凝土保护层厚度应不小于 20mm。

⑩钢架应经常检查，如发现破裂、倾斜、弯扭、变形以及接头松脱填塞漏空等异状，应立即加固。

⑪钢架的抽换、拆除，应本着"先顶后拆"的原则进行，防止围岩松动坍塌。

5.3.4 初喷工序缺失

1. 表现形式

开挖爆破、排险后，未对岩面进行初喷支护，直接进行下道工序施工或下一循环开挖，如图 5-38 所示。

图 5-38 未初喷直接安装钢拱架

2. 形成原因与应对措施

初喷工序缺失问题的形成原因与应对措施见表 5-16。

表 5-16 初喷工序缺失问题的形成原因与应对措施

项目	内容
形成原因	①不熟悉规范，对初喷稳定围岩的作用认识不足。 ②企图减少必要的施工工序，盲目追求进度
应对措施	①开挖排险完成后，应对暴露围岩及时进行初喷，如图 5-39 所示。 ②严格执行初喷检查验收程序

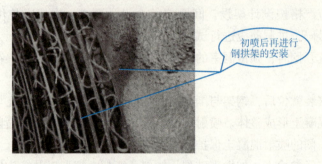

图 5-39 初喷后再安装钢拱架现场图

5.3.5 钢支撑制作安装不规范

1. 表现形式

①钢架曲率与开挖断面不符，钢架切割弯曲后焊接，如图 5-40 所示。

图 5-40 钢架切割弯曲后焊接

②钢架强度和刚度不足，受力后发生扭曲变形甚至失稳、倾倒，失去钢架支护作用，导致塌方、冒顶等事故的发生，如图 5-41 所示。

③格栅钢架与连接钢板焊接不规范，如图 5-42 所示。

第5章 隧道工程施工常见问题及应对措施

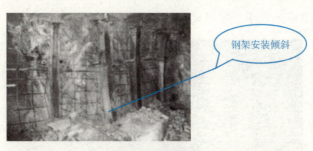

图 5-41 钢架下部安装时产生弯曲

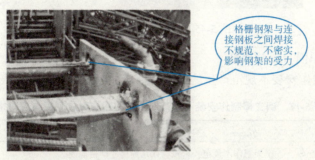

图 5-42 格栅钢架与连接钢板焊接不规范

④格栅钢架箍筋间距过大，腹筋焊接不牢，如图 5-43 所示。

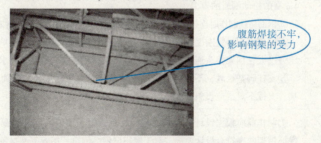

图 5-43 腹筋焊接不牢现场图

⑤钢架与连接钢板连接无效或节段钢架之间连接不紧密，如图 5-44 所示。

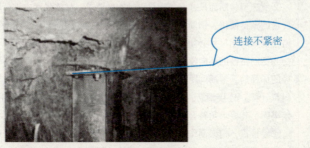

图 5-44 节段钢架之间连接不紧密现场图

⑥钢架悬空或未置于坚实基础上，如图5-45所示。

(钢架下方垫的石头，无法保证其受力，所以该方法无效)

图5-45　钢架支垫无效现场图

2. 形成原因与应对措施

钢支撑制作安装不规范产生的问题的形成原因与应对措施见表5-17。

表5-17　钢支撑制作安装不规范产生的问题的形成原因与应对措施

项目	内容
形成原因	①钢架制作不规范，未按设计几何尺寸严格控制。 ②选用材料刚度、强度不足；选用的H形钢、I字形钢、U形钢、钢轨、钢管等型材断面尺寸过小，或钢筋格栅所用主筋截面过小，其强度不能保证单独承受2~4m高的松动围岩的重力。 ③钢筋格栅制作时连接钢筋截面过小，间距过大，焊接不稳固，斜撑钢筋设置不足。 ④构架采用材料刚度、强度不足，或构架支间距过大，致使单片构架承受围岩压力过大；构架接头连接薄弱、焊接质量差或接头构造不符合要求。 ⑤支柱脚基松软，不均匀下沉；构架支设立面与隧道轴线断面不垂直，纵向连接、支撑不足或应设斜撑而未设
应对措施	①制作前应根据设计开挖线（含预留沉落量、预留拱度、加宽）准确放样。为保证钢架曲率符合设计要求，对于使用型钢、钢轨、钢管等型材制作，应使用专用机械设备弯曲成型，钢板接头应先用螺栓正确对位后牢固焊接于型材上，必要时焊接处加U形钢进行加固处理，如图5-46所示。 ②所选型材断面尺寸必须满足设计刚度要求，材质强度应进行试验检验，达不到要求的不得使用。钢筋格栅一般应使用II级螺纹钢筋制作，主筋直径不小于22mm，格栅框架断面尺寸必须符合设计刚度要求，如图5-47所示。 ③钢筋格栅的环向箍筋直径应不小于12mm，且于一定间距内设置与主筋相同直径的加强筋，箍筋间距宜为15~20cm。另外，还需设置足够的与主筋直径相同的斜拉（撑）连接钢筋，以防止使用中断面发生扭曲，所有连接部位均应用电焊焊接牢固，其要求须符合钢筋焊接工艺质量要求。 ④经检查，构架制作不符合相关施工规范要求的必须坚决返工或补强。 ⑤发现构架断裂、开裂，应及时撤换、加固。

第5章　隧道工程施工常见问题及应对措施

（续）

项目	内容
应对措施	⑥支设间距过大或钢板间隙不紧密，不足以起到支护作用的，应在两构架间增设构架，或用板材、背材进行钢筋的补焊加固，如图5-48所示。 ⑦支柱底下沉的应加固地基并加设地梁，如图5-49所示。 ⑧构架倾斜的应重新支设

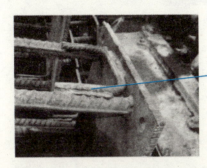

图 5-46　使用 U 形钢进行焊接加固现场图

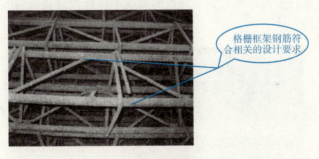

图 5-47　设计的格栅框架符合相关设计要求

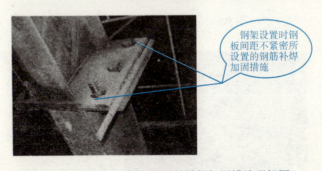

图 5-48　钢板间不紧密设置的补焊加固措施现场图

图 5-49　松软地基或支柱下沉设置的地梁现场图

5.4　仰拱与铺底

5.4.1　仰拱开挖不规范

1. 表现形式

仰拱结构是隧道衬砌支护体系的重要组成部分,但在隧道施工时很容易出现隧道仰拱的一次性开挖距离过长、开挖的弧度不符合设计要求的问题,如图 5-50 和图 5-51 所示。

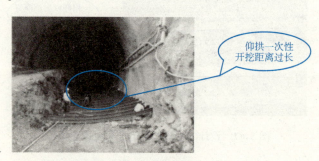

图 5-50　仰拱一次性开挖距离过长

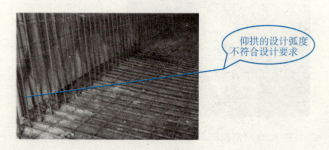

图 5-51　仰拱设计弧度不符合要求

2. 形成原因与应对措施

仰拱开挖不规范问题的形成原因与应对措施见表 5-18。

表 5-18 仰拱开挖不规范问题的形成原因与应对措施

项目	内容
形成原因	①施工组织设计对仰拱一次性开挖长度未作明确规定或规定不合理。 ②对一次开挖长度过大可能引发隧道大变形或坍塌的严重后果认识不清。 ③不熟悉设计图纸，对隧道仰拱的形式或作用不清楚。 ④对仰拱开挖断面几何尺寸检查不严格
应对措施	仰拱及填充浇筑完后，在左右边墙仰拱中间布设监控量测点，并进行仰拱的桁架加固，如图 5-52 所示

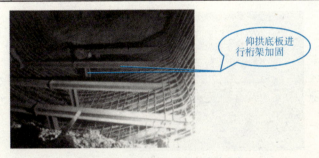

图 5-52 仰拱底板进行桁架加固

3. 仰拱开挖相关规范要求

①隧道设有仰拱时，应及时安排施工，使支护结构尽早闭合，改善围岩受力状况、控制围岩变形、保障施工安全。

②仰拱顶上的填充层及铺底应在拱墙混凝土及二衬施工前完成，宜保持超前 3 倍以上衬砌循环作业长度，以利于衬砌台车模筑混凝土施工，铺底与掌子面距离不宜超过 60m。

③仰拱应设置仰拱栈桥全断面一次成型，全幅施工拱架、初支混凝土，使支护结构尽早闭合，不宜左右半幅分次浇筑。

④仰拱开挖应严格按已审批开挖方案进行，并结合拱墙施工抓紧进行仰拱初期支护和仰拱模筑混凝土施工，实现支护结构尽早闭合。

⑤浅埋段仰拱应尽快封闭成环。仰拱、铺底施工时，应按图纸要求预埋路面下横向盲沟、拱脚纵横向排水管等排水设施，并注意设置与二衬贯通的变形缝。

5.4.2 隧道铺底地面开裂

1. 表现形式

隧道施工后，受地应力和地质构造影响，隧道铺底地面容易出现裂缝或者是出现较大隆起现象，局部形成空洞，并伴有渗水严重侵入行车空间，原支护体系及受力结构遭到破坏，如图5-53所示。

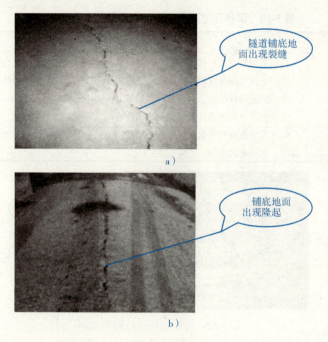

图 5-53　铺底地面开裂与隆起

2. 形成原因与应对措施

隧道铺底地面开裂问题的形成原因与应对措施见表5-19。

表 5-19　隧道铺底地面开裂问题的形成原因与应对措施

项目	内容
形成原因	①施工人员安全意识淡薄，管理人员管理不到位。 ②采取铺底支护措施相对不足，不能长时间承受相应的地应力
应对措施	对裂缝采用环氧砂浆嵌补处理；结构遭到破坏处拆除仰拱和初期支护，同时对仰拱和基底采取加固措施

3. 隧道底部施工相关规范要求

①隧道底部（包括仰拱）超挖在允许范围内应采用与衬砌相同强度等级混凝土浇筑；超挖大于规定时，应按设计要求回填，不得用洞渣随意回填，严禁片石侵入衬砌断面（或仰拱断面）。

②铺底混凝土厚度和强度应满足设计和规范要求，避免在车辆反复行驶后损坏。

5.5 防水与排水

5.5.1 洞内积水

1. 表现形式

洞内积水及施工废水如处理不当，不仅使施工环境恶化，影响施工进度，而且会降低围岩的强度和稳定性，给隧道开挖和支护造成困难，严重时造成人员伤亡事故，如图 5-54 所示。

图 5-54　洞内积水现场图

2. 形成原因与应对措施

洞内积水问题的形成原因与应对措施见表 5-20。

表 5-20　洞内积水问题的形成原因与应对措施

项目	内容
形成原因	①洞内渗漏水主要原因是围岩具有裂缝渗水或局部出现涌水。 ②施工场地规划差，对积水产生的危害认识不足。 ③未建立有效的施工排水系统
应对措施	①超前钻孔排水或采用辅助坑道排水，如图 5-55 所示。 ②采取超前小导管预注浆法堵水、止水。 ③采用超前围岩预注浆法堵水。 ④采用井点降水及深井降水等预防措施

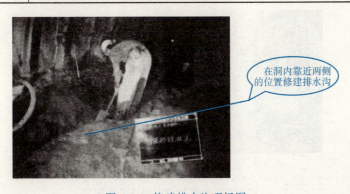

图 5-55　修建排水沟现场图

3. 洞内积水相关规范要求

①隧道施工防排水应遵循"防、排、截、堵相结合，因地制宜，综合治理"的原则进行施工。

②隧道施工防排水设施应与营运防排水工程相结合；应按设计做好防水混凝土、防水隔离层、施工缝、变形缝、诱导缝防水，盲沟、排水管（沟）排水通畅；防排水材料应符合国家、行业标准，满足设计要求，并有出厂合格证明，不得使用有毒、污染环境的材料；隧道防排水不得污染环境，隧道排水不得直接排入饮用水源。

③隧道施工前应根据工程地质、水文地质资料制定防排水方案。

④洞内出现的地下水，经化验确认对衬砌结构有侵蚀性时，应按图纸要求针对不同侵蚀类型采取相应的抗侵蚀措施。设计无要求时，应及时上报变更处理。

5.5.2 衬砌环向隧道渗漏水

1. 表现形式

隧道施工时排水板焊接不牢固或者是隧道自身防水做得不规范，容易造成衬砌时隧道内部出现渗漏水的现象，如图5-56所示。

2. 形成原因

①防水板焊接质量存在问题或遭到破坏，或者被烫坏的防水板焊补不规范，如图5-57和图5-58所示。

图5-56 隧道内部出现渗水现象

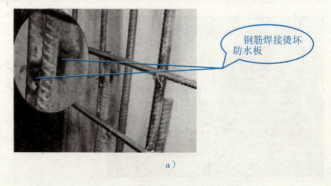

a)

图5-57 钢筋焊接时烫坏防水板

第5章 隧道工程施工常见问题及应对措施

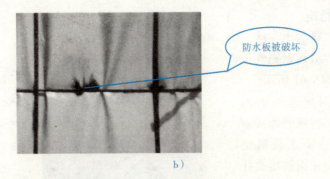

b)

图 5-57 钢筋焊接时烫坏防水板（续）

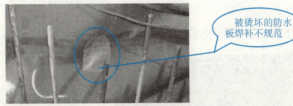

图 5-58 烫坏的防水板焊补不规范

②中埋式橡胶止水带施工质量不到位，如图 5-59 所示。

图 5-59 中埋式橡胶止水带施工质量不到位

③排水盲管或盲沟被堵塞，如图 5-60 所示。

图 5-60 排水管接头错位引起堵塞

3. 应对措施

①采用以排为主，排、堵、截相结合的综合治水原则。

②每条焊缝均做充气压力检查，如图5-61所示。

③加强对防水板的保护，特别是二衬钢筋焊接施工时，应防止防水板被烧伤、灼伤，防止钢筋接头扎破防水板，混凝土浇筑振捣时，尽量防止破坏防水板。

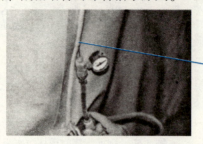

图5-61 焊缝做充气压力检查现场图

④止水带必须严格按规范要求，保持直顺、无损坏，如图5-62所示。

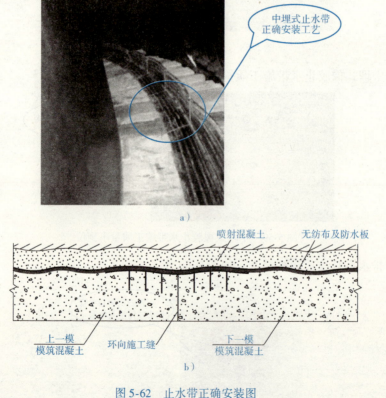

图5-62 止水带正确安装图
a）中埋式止水带正确安装现场图 b）背贴式止水带正确安装方法

⑤正确施作排水盲管，做好防排水施工，如图5-63所示。

图 5-63　正确安装排水管现场图

⑥沿环向施工缝埋置铝膜舌片,作为收水装置,通过 V 形铝膜槽,将水收入边沟排水系统,如图 5-64 所示。

4. 衬砌防排水相关规范要求

①要加强衬砌背后的防排水设施,强调结构自身防水,对可能的疑点进行封堵及引排。衬砌背后防排水设施施工应根据隧道的渗水部位和开挖情况适当选择排水设施位置,并配合衬砌进行施工;隧道侧沟、横向盲沟等排水设施也应配合衬砌等进行施工。

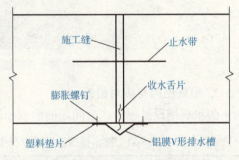

图 5-64　施工缝渗水处理示意图

②防水层应在初期支护基本稳定时施工,并做好防水板的保护工作。

③停车带、洞室与正洞连接处的防排水工程应与正洞同时完成,其搭接处应平顺,不得有破损和褶皱。

④加强成品保护工作,开挖和衬砌作业不得损坏防水层,当发现层面有损坏时应及时修补;防水层在下一阶段施工前的连接部分,应采取措施保护。

5.5.3　防水板铺设过程中损坏

1. 表现形式

①防水板在施工过程中,为便于固定,用钉子直接钉在墙上,由于自重原因,下坠严重者,直接用钢筋作为顶撑,部分位置被钢筋接头刺穿,如图 5-65 所示。

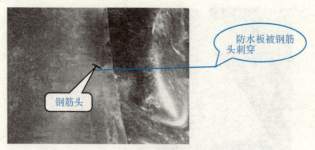

图 5-65　防水板在施工过程中被钢筋头刺穿

②防水板搭接宽度不够，或搭接不平顺，焊缝不严密，如图 5-66 所示。

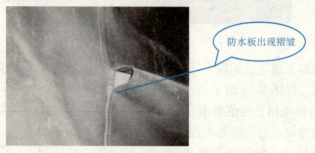

图 5-66　防水板搭接不平顺、出现褶皱

2. 形成原因与应对措施

防水板铺设过程中产生问题的形成原因与应对措施见表 5-21。

表 5-21　防水板铺设过程中产生问题的形成原因与应对措施

项目	内容
形成原因	①土工布挂设采用带射钉的热塑性圆垫圈进行固定，热塑性圆垫圈与 EVA 防水板无法焊接，或焊接时烧坏。防水板和热塑性圆垫圈不是同一厂家，材料又是加工材料。热塑性圆垫圈质量达不到设计的质量要求。 ②拆除的中隔壁和临时仰拱工字钢接头没有抹平处理，容易造成防水板损坏。 ③焊接二次衬砌钢筋对防水板不进行防护，造成防水板损坏，洞内漏水，如图 5-67 所示
应对措施	①热塑性圆垫圈与 EVA 防水板无法焊接，防水板与土工布之间挂设采用射钉进行固定，射钉处再用防水板采用手持焊枪进行补焊。 ②拆除的中隔壁和临时仰拱工字钢接头处，要求采用喷射混凝土或砂浆抹平，平整度用 2m 靠尺检查，表面平整度允许偏差：侧壁 5cm、拱部 7cm。 ③挂设防水板前，仰拱预埋钢筋采用塑料管套在钢筋头上，防止钢筋头损坏防水板，焊接钢筋时在其周围用石棉水泥板进行遮挡，以免溅出火花烧坏防水板，灌筑二衬混凝土时输送泵管不得直接对着防水板，避免混凝土冲击防水板引起防水板被带滑脱，防水板下滑。

(续)

项目	内容
应对措施	④二次衬砌钢筋绑扎完成后，要重新进行防水板复查，发现有损坏现象及时进行修补焊接处理，确保防水效果。 ⑤在二衬钢筋（靠近防水板侧）安装完成后，必须对防水板进行全环监测，发现破损的立即进行修补，修补完后方可进行内层钢筋的安装，钢筋焊接过程中，必须远离防水板

防水板破坏造成的洞身漏水

图 5-67　防水板失效造成的洞身漏水

3. 防水板设置相关规范要求

①防水板施工前，应复核中线位置和高程，检查断面尺寸，保证衬砌施工后的衬砌厚度和净空满足规范和设计要求。

防水板铺挂前应进行的基面检查及处理的主要内容包括以下几方面：

a. 初期支护表面应平整，无空鼓、裂缝、松动，对于初支表面外露的锚杆头、钢筋网头等坚硬物应采用电焊或氧焊将齐根切除，并用1:2水泥砂浆抹平，以防止刺破排水板。

b. 对局部凹凸部分，应修凿、喷补，使其表面平顺，对超挖较大的部位应挂网喷锚。

c. 顶面明水应提前设盲管引排，对于洞顶的大面积渗水，可用防水板配合盲管集中引排到临时排水边沟。

②防水板的"铺后续接"应先用热合焊机焊接环向接缝。施工应将待焊的两块板面接头擦净、对齐，保证搭接长度，严格控制焊接温度、焊机行走速度，保持焊机与焊缝良好接触，做到行走平稳。热合焊机焊完，应加强检查，对个别漏焊处用电烙铁补焊；对丁字焊缝因焊接困难、易漏焊或焊缝强度不足，采取用焊胶打补丁的方法补强处理。

③当衬砌紧跟开挖时，衬砌前端的防水板要采取保护措施，防止爆破飞石砸破防水板；在浇筑二次衬砌混凝土前，应检查防水层铺设质量和焊接质量，如发

现有破损情况，应进行处理。

防水板需要修补时，修补防水层的补丁不得过小，补丁形状要剪成圆角，不应有长方形、三角形等尖角。防水层修补后一般用真空检查法检查。

5.5.4 排水管安装不规范

1. 表现形式

①设置排水管时，排水管没有使用土工布进行包裹，裸露在外面，使其使用寿命减少，如图 5-68 所示。

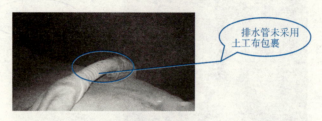

图 5-68　排水管没有使用土工布进行包裹现场图

②纵向排水盲管与环向盲管、横向导水管未采用三通连接，如图 5-69 所示。

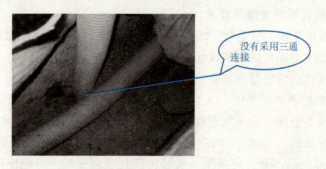

图 5-69　未采用三通连接

2. 形成原因与应对措施

排水管安装不规范产生问题的形成原因与应对措施见表 5-22。

表 5-22　排水管安装不规范产生问题的形成原因与应对措施

项目	内容
形成原因	①安装排水管时，未采取有效定位和连接措施。 ②开挖未预留纵向排水管的安装位置，安装时侵占二次衬砌空间。 ③纵向排水管安装高程控制不严。 ④对排水管安设质量检查验收不严格

(续)

项目	内容
应对措施	①开挖时应留足纵向排水管的安设空间。 ②严格控制纵向排水管的安装高程。 ③铺设防水层时,应预留足够包裹纵向排水盲管的长度,安装纵向排水盲管时,应采用预留防水层对其反卷包裹,防止混凝土堵塞,如图5-70所示。 ④纵向排水管应与环向盲管、横向导水管采用三通连接,接头部位应采用无纺布包裹严密,如图5-71所示

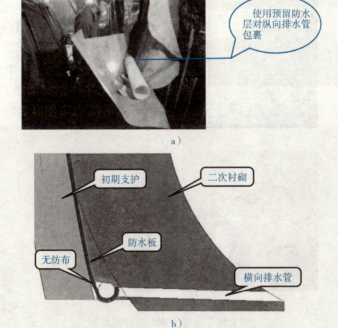

图 5-70 正确的纵向排水盲管包裹方式
a) 正确安装排水管现场图　b) 正确安装排水管示意图

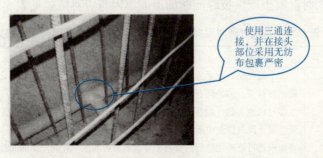

图 5-71 排水管采用三通连接现场图

5.6 二次衬砌

5.6.1 二次衬砌时混凝土产生裂缝

1. 表现形式

隧道二次衬砌时混凝土表面出现不规则裂缝,且局部接头处混凝土干缩裂缝较大,出现纵向、环向、斜向及交叉等裂缝,如图 5-72 所示。

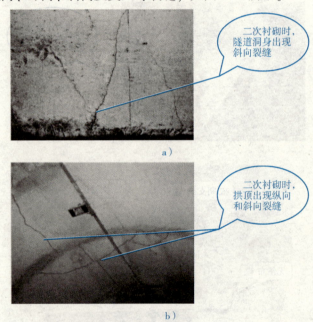

a)

b)

图 5-72 混凝土产生裂缝现场图

2. 形成原因与应对措施

二次衬砌时混凝土产生裂缝问题的形成原因与应对措施见表 5-23。

表 5-23 二次衬砌时混凝土产生裂缝问题的形成原因与应对措施

项目	内容
形成原因	①干缩裂缝的因素主要有水泥品种、用量及混凝土拌合物水灰比、集料大小、级配原材料等,另外还有施工温度对二次衬砌施工的影响。 ②衬砌施工缝(接槎缝)是混凝土在施工过程中由于停电、机械故障等原因迫使混凝土浇筑作业中断,时间超过混凝土初凝时间后,继续浇筑,而先施工混凝土界面未进行处理便进行后续施工导致新旧混凝土接槎间产生的裂缝。 ③二次衬砌拆模时间过早,混凝土养生不到位。

(续)

项目	内容
形成原因	④拱顶端头模板部位混凝土浇筑不饱满，在强度较低的情况下受衬砌台车顶推冲击，形成拱顶月牙形裂缝，如图5-73所示
应对措施	①把好原材料质量关，施工中严格按配合比进行施工，并保证施工温度在允许范围内，必要时进行洒水处理，如图5-74所示。 ②衬砌施工前保证边墙等基础部位无虚渣，在施工过程中严格执行混凝土浇筑施工工艺。 ③在混凝土接缝施工时，严格按接缝施工工艺进行混凝土施工，在保证先浇筑混凝土具有良好的重塑性时，加强接茬处混凝土的振捣

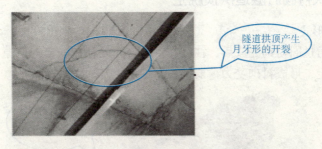

图5-73 隧道拱顶产生月牙形开裂

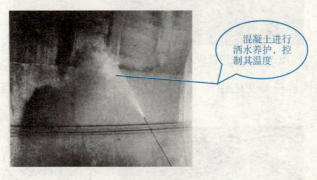

图5-74 衬砌混凝土洒水养护

3. 二次衬砌混凝土施工相关规范规定

①混凝土拌制前，应测定砂石含水率并根据测试结果调整材料用量，严格控制混凝土配合比，确保水泥质量偏差不得超过±1%，集料质量偏差不得超过±2%，水及外加剂质量偏差不得超过±1%。

②混凝土浇筑前，应将基底石渣、污物和基坑内积水排除干净，严禁向有积水的基坑内倾倒混凝土干拌合物。

③泵送混凝土前应采用按设计配合比拌制的水泥浆或按骨料减半配制的混凝土润滑管道。

④混凝土的入模温度,在冬季施工时不应低于5℃,夏季施工时不应高于32℃。

⑤封顶采用顶模中心封顶器接输送管,逐渐压注混凝土封顶。当挡头板上观察孔有浆溢出,即标志封顶完成。

⑥拱部混凝土衬砌浇筑时,应在拱顶预留注浆孔,注浆孔间距应不大于3m,且每模板台车范围内的预留孔应不少于4个。

⑦拱顶注浆填充,宜在衬砌混凝土强度达到100%后进行,注入砂浆的强度等级应满足设计要求,注浆压力应控制在0.1MPa以内。

5.6.2 二次衬砌时隧道拱顶脱空

1. 表现形式

①在隧道拱圈衬砌完成后,往往在拱顶合龙处存在一定的空隙,使拱顶部位衬砌厚度不足,形成衬砌受力薄弱部位,如图5-75所示。

图5-75 拱顶部位二次衬砌厚度不足出现空洞现场图

②拱背后围岩松弛变化存有一定空间,而使衬砌设计受力状态受到影响,如图5-76所示。

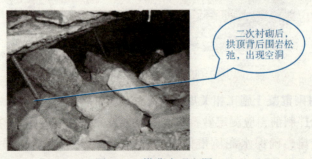

图5-76 拱背出现空洞

2. 形成原因与应对措施

二次衬砌时隧道拱顶脱空问题的形成原因与应对措施见表5-24。

表 5-24　二次衬砌时隧道拱顶脱空问题的形成原因与应对措施

项目	内容
形成原因	①由于受施工空间的限制，混凝土充填难于饱满。 ②混凝土振捣时处于流动状态，从高处流向低处，顶部混凝土易向低处流淌，而使顶部难于充实。 ③混凝土硬化后有一定的收缩，而使拱顶部出现空隙。 ④混凝土胶骨比过大，干缩造成二次衬砌与初期支护间不密贴
应对措施	①封顶合龙处的混凝土应适当减小水灰比和坍落度，以减少收缩影响。 ②可使用掺膨胀剂的混凝土。 ③施工时应边振捣边勤填料，尽量减少空隙的存在。 ④混凝土凝固后应检查有无空隙及大小，如有应采用注浆方法作充填处理，直至填满为止。注浆压力不得大于 0.4MPa，过大则会对拱圈衬砌造成不利影响。 ⑤如因超挖过多、塌穴、溶洞而形成的空间，应按相应的回填方法处理

5.7　隧道路面

5.7.1　隧道路面处理不当

1. 表现形式

隧道内部路面处理不当，容易使路面出现渗水、开裂等现象，如图 5-77 所示。

图 5-77　隧道路面处理不当现场图

2. 形成原因与应对措施

隧道路面处理不当问题的形成原因与应对措施见表 5-25。

表 5-25　隧道路面处理不当问题的形成原因与应对措施

项目	内容
形成原因	①仰拱及仰拱填充质量较差，无仰拱地段超挖回填不规范。 ②路面基层、整平层的厚度、强度不足或均匀性差。 ③路面结构层下排水不畅
应对措施	①封顶合龙处的混凝土应适当减小水灰比和坍落度，以减少收缩影响。 ②可使用掺膨胀剂的混凝土。 ③施工时应边振捣边勤填料，尽量减少空隙的存在。 ④混凝土凝固后应检查有无空隙及大小，如有应采用注浆方法作充填处理，直至填满为止。注浆压力不得大于 0.4MPa，过大则会对拱圈衬砌造成不利影响。 ⑤如因超挖过多、塌穴、溶洞而形成的空间，应按相应的回填方法处理

5.7.2　隧道路面出现破损

1. 表现形式

在长时间的使用过程中，隧道沥青路面出现了破损，如图 5-78 所示。

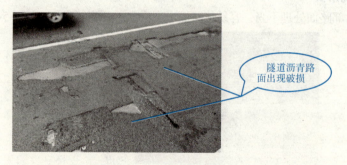

图 5-78　隧道路面出现破损

2. 形成原因与应对措施

隧道路面出现破损问题的形成原因与应对措施见表 5-26。

表 5-26　隧道路面出现破损问题的形成原因与应对措施

项目	内容
形成原因	①水泥混凝土路面浮浆较厚，凿毛不到位，清洗不干净。 ②沥青混凝土摊铺前，未均匀涂刷防水层或喷洒黏层油。 ③沥青混凝土质量、摊铺质量等不符合规范要求，或在摊铺过程中造成粘结层二次污染

第 5 章 隧道工程施工常见问题及应对措施

（续）

项目	内容
应对措施	①采取打磨、洗刨等措施，有效清除路面浮浆，然后清洗灰尘和杂物。 ②待水泥混凝土表面干燥后，应及时均匀涂刷防水层。在摊铺沥青面层前，应均匀喷洒黏层油，并杜绝层间污染。 ③严格控制沥青混凝土质量和摊铺质量，有效防范层间二次污染

第6章 交通工程施工常见问题及应对措施

6.1 交通安全设施

交通安全设施主要包括交通标志、交通标线、防撞设施、隔离栅、轮廓标、防眩设施、桥梁护网、里程标、百米标、公路界碑等。

6.1.1 波形梁钢护栏

1. 产品质量不合格

（1）表现形式

①波形梁和立柱镀锌层厚度不够，如图6-1所示。

图6-1 波形梁镀锌层厚度不够

②外观粗糙、色泽均匀性差、有锌瘤（图6-2和图6-3）。

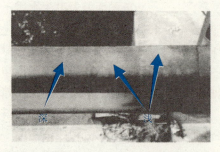

图6-2 波形梁色泽均匀性差

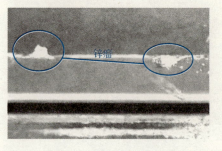

图6-3 钢护栏有锌瘤

③立柱壁厚不够。
④波形梁基板厚度不够，如图6-4所示。
⑤螺栓强度不够。
⑥有的锌渣颗粒粘附在镀层表面，存在一些非正常的花纹、龟裂纹等缺陷，如图6-5所示。

图6-4　波形梁基板厚度不够　　　　　图6-5　表面有锌渣颗粒

（2）形成原因及应对措施

产品质量不合格，需要更换。

2. 波形梁线型不平顺

（1）表现形式

波形梁纵向线型不顺直，有突变或折线，线型不美观，如图6-6和图6-7所示。

图6-6　线型不美观　　　　　　　图6-7　纵向线型有突变

（2）形成原因及应对措施

形成原因：施工人员未认真施工，后期未严格调整平顺。

可以采用以下措施应对：

①打入立柱时，应认真放好样，且保证立柱垂直。

②安装波形梁后,应严格调顺线型。

3. 立柱垂直度差

(1) 表现形式

用垂线法检测垂直度达不到要求,如图 6-8 所示。

图 6-8 立柱垂直度差

(2) 形成原因

①施工前,桩机未调平。

②施工过程中未及时纠偏。

(3) 应对措施

①打入立柱时,桩机应调平。

②立柱打入以后,应采用垂球法逐一检查,发现不合格应及时调整。

4. 波形梁横梁高度不符合设计要求

(1) 表现形式

波形梁横梁高度不符合设计要求,如图 6-9 所示。

(2) 形成原因

①立柱打入过深或过浅。

②波形梁安装后未调整。

(3) 应对措施

①严格控制立柱打入深度和立柱顶高程。

图 6-9 波形梁横梁高度不符合设计要求

②波形梁安装后应及时调整。

6.1.2 混凝土防撞护栏

1. 表现形式及形成原因

(1) 漏浆(图 6-10)

①模板间接触不严密。

②模板与路面间接触不严密。

(2) 麻面和气泡(图 6-11 和图 6-12)

①模板上涂抹脱模剂不均匀。

②拆模过早。

③振捣时间不足或振捣方法不恰当。

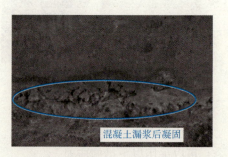

图 6-10 漏浆

第6章 交通工程施工常见问题及应对措施

图 6-11 混凝土防撞护栏形成麻面

图 6-12 混凝土防撞护栏有麻面和气泡

（3）分层和颜色不一致

①在浇筑过程中，混凝土不能连续供应，间隔时间过长，导致浇筑间断。
②使用的脱模剂不干净或涂抹过多。
③浇筑方法不正确。

（4）线型不顺畅

①测量放样位置不准确。
②安装模板前没有弹墨线。
③模板的垂直度没有调好。

（5）表面出现裂纹或深裂纹

①混凝土浇筑完成后未及时覆盖和养护，受日晒和风吹后表面急剧收缩。
②有不均匀沉降或钢筋断开处。

2. 应对措施

（1）模板拼装检查

拼装之前，对模板进行彻底检查，保证模板内壁光滑干净，然后均匀涂抹一层脱模剂（机油），经现场技术员检查认可后开始拼装。特别是在使用过程中，严禁用铁锤击打模板。在运输过程中要求每块单独装卸，放在干净的地方，并均匀涂抹一层机油，防止模板生锈。禁止在模板上放置重物，防止模板变形。模板安装时，根据墨线的边缘准确安装，模板下部使用拉杆螺栓固定，上部用花杆螺栓配合支杆固定，达到既能固定模板，又不至于漏浆跑模的目的。另外，因为是钢筋混凝土防撞护栏，为了防止混凝土护栏开裂，在相应的位置都设有一定数量的假缝和断缝，在安装模板时应注意图纸的要求。

模板安装完成后进行自检，主要是检查安装尺寸是否合适、各个固定点（拉杆、支杆）是否牢固可靠、相邻模板间是否有错台、钢筋绑扎是否符合要求以及钢筋是否留有足够的保护层等。检查合格后报请监理检查，在混凝土浇筑过程中，随时检查，发现变形要随时调整，并将混凝土重新振捣。

（2）混凝土必须分层浇筑

根据防撞护栏的设计特点，在施工时分三层进行浇筑。采用层叠式施工，第一层浇筑到护栏底部斜边下角变点，第二层浇筑到斜边上角变点，第三层浇筑到顶，由施工人员控制三层混凝土的入模时间及方量。混凝土布料要均匀，严格控制振捣时间，每层混凝土振捣时间不小于1min，不大于1.5min，防止振捣时间过长。

（3）振动器振捣

为了尽量减少防撞护栏表面气泡，在用振动器振捣时，用一个木锤或橡胶锤击打模板的外壁，以减少防撞护栏表面的气泡。

（4）收浆

护栏混凝土浇筑完成后，顶面采用三次收浆。第一次用木抹子抹平，第二次用铁抹子抹平初压光，第三次待混凝土初凝时用轧子用力轧光。

（5）预埋件

防撞护栏如有预埋件，应按照图纸严格施工，及时检查预埋件是否水平、间距是否准确等。

6.1.3 隔离栅

1. 产品质量不合格

（1）表现形式

①隔离栅涂层厚度不够、附着力差，如图6-13所示。

②表面色泽不均匀、色差较大。

③立柱钢管壁厚、网片钢丝直径达不到要求，如图6-14所示。

图6-13　隔离栅涂层厚度不够

图6-14　网片钢丝直径达不到要求

（2）形成原因及应对措施

产品质量不合格，需要更换。

2. 隔离栅线型不平顺

（1）表现形式

隔离栅纵向不顺直，有突变或折线，线型不美观，如图6-15所示。

（2）形成原因

①施工人员未认真施工。

②基础不稳定，造成隔离栅倾倒而引起变形。

（3）应对措施

①埋设立柱时，应认真放样，确保线型平顺。

②安装隔离栅时，应带线进行安装。

③基础水泥混凝土施工前，应对基础部位土认真压实，采取反开挖法开挖基础断面尺寸，并浇筑基础水泥混凝土。

图6-15　隔离栅线型不美观

3. 隔离栅立柱垂直度差

（1）表现形式

用垂线法检测隔离栅立柱垂直度达不到要求，如图6-16所示。

（2）形成原因

①隔离栅土基松软、水泥混凝土基础强度低、尺寸不符合要求，造成隔离栅倾斜。

②斜撑缺失。

③施工粗糙，施工人员不认真施工。

图6-16　隔离栅立柱垂直度差

（3）应对措施

①基础水泥混凝土施工前，应对土基认真夯实；基础断面尺寸、混凝土强度符合要求。

②安装立柱时，应用垂球吊线检查立柱垂直度并及时进行调整，符合要求后再浇筑混凝土基础。

③按设计要求设置斜撑。隔离栅安装完成后，应认真检查立柱垂直度，如图6-17所示。

图6-17　隔离栅安装质量较好，线型美观

4. 隔离网变形严重

（1）表现形式

隔离网发生翘曲变形，平整度差，如图6-18所示。

（2）形成原因

①运输和存放不善。

②施工不当，立柱垂直度差，造成网片发生翘曲变形。

（3）应对措施

①应加强对隔离网存放保管的管理。

②在埋设立柱时，应采用垂线法对每根立柱进行逐根检查，确保立柱垂直度。

图6-18　隔离网变形

6.1.4　交通标志

1. 产品质量不合格（图6-19）

（1）表现形式

①标志立柱涂层厚度不够。

②标志基板厚度、几何尺寸不符合要求。

③标识不正确。

④反光膜粘贴不紧密、逆反射系数不合格。

（2）形成原因及应对措施

产品质量不合格，需要更换。

图6-19　立柱涂层厚度检测

2. 交通标志水泥混凝土基础几何尺寸不合格

（1）表现形式

交通标志水泥混凝土基础长度、宽度、高度等几何尺寸不符合设计要求。

（2）形成原因

①施工放样错误。

②立模不稳，跑模。

（3）应对措施

①施工前应严格按图纸放样。

②立模时应加强支撑，严禁出现跑模等现象。

3. 交通标志基础水泥混凝土强度低

（1）表现形式

交通标志基础水泥混凝土达不到设计要求。

(2) 形成原因

①原材料质量不符合规范要求。

②未认真进行配合比设计。

③未采用机械拌和，拌和时原材料计量不准确。

④运输过程中离析；拌和好的混凝土未及时浇筑。

(3) 应对措施

①对进场材料要求进行检验，不合格的原材料坚决清理出场。

②认真进行配合比设计，保证水泥混凝土强度满足要求。

③采用机械集中拌和；拌和过程中各种原材料计量要准确。

④拌和好的水泥混凝土应及时进行浇筑。

4. 交通标志立柱垂直度差

(1) 表现形式

用垂线法检测交通标志立柱垂直度达不到要求，如图 6-20 所示。

(2) 形成原因

①土基松软、水泥混凝土基础强度低、尺寸不符合要求，造成立柱倾斜。

②施工粗糙，预埋件达不到设计要求，施工过程中未及时进行调整。

(3) 应对措施

①基础水泥混凝土施工前，应对土基认真夯实；基础断面尺寸、混凝土强度符合要求。

图 6-20　标志牌立柱垂直度差

②对预埋件施工质量进行严格检查验收。

③安装立柱时，应用垂球吊线检查立柱垂直度并及时进行调整。

5. 交通标志净空高度不符合要求

(1) 表现形式

交通标志净空高度达不到设计要求，如图 6-21 所示。

(2) 形成原因

①基础高程控制不当。

②基础土方松软，标志基础沉降或倾斜。

③横杆刚度不足。

图 6-21　交通标志净空高度不符合要求

④板面安装高度控制不当。

(3) 应对措施

①严格控制基础高程。

②基础混凝土浇筑前应对土基认真夯实，防止标志沉降或倾斜。

③横杆应有足够的刚度。

④严格控制板面安装高度。

6. 指路标志信息过载

(1) 表现形式

有的城市指路标志上的指路信息设置过多，导致驾驶人在短时间内不能迅速获取有效道路信息，如图 6-22 所示。

(2) 形成原因

产品设计不合格，不符合相关规范规定。

(3) 应对措施

进行更换，根据所需要告知的信息重要级别、交叉口相交道路的等级选取相对重要的交通信息进行预告。

图 6-22　指路标志信息过载

6.1.5　路面标线

1. 路面标线有毛边

(1) 表现形式

标线两个侧面不光滑，有毛刺现象，如图 6-23 所示。

(2) 形成原因

①施工设备缺陷，操作不规范。

②热熔涂料加热温度不符合要求。

(3) 应对措施

①施工前认真调试设备，保证设备性能良好。

②严格控制热熔涂料加热温度。

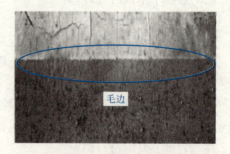

图 6-23　路面标线有毛边

2. 路面标线有气泡

(1) 表现形式

标线表面出现较多气泡，如图 6-24 所示。

(2) 形成原因

①热熔涂料产品质量存在问题。

图 6-24　路面标线有气泡

②路面面层水分未充分晾干。
③热熔涂料施工温度控制不当。
④底漆喷涂不均匀。
（3）应对措施
①严格按比例调配热熔涂料。
②施工前要检查路面水分是否晾干。
③严格控制热熔涂料施工温度。
④底漆喷涂应均匀。

3. 路面标线网状开裂、剥落
（1）表现形式
①标线表面出现不规则裂纹，如图 6-25 所示。
②标线与地面粘结不牢，出现整块剥落现象，如图 6-26 和图 6-27 所示。

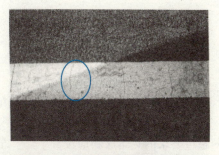

图 6-25　标线表面出现不规则裂纹

图 6-26　标线与地面粘结不牢，
出现网状裂缝及剥落

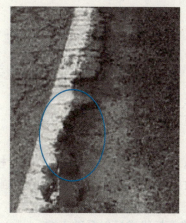

图 6-27　标线剥落严重

（2）形成原因
①热熔涂料产品质量不好。
②路面面层清理不干净。
③底漆喷涂不均匀。
④热熔涂料施工温度控制不当。
（3）应对措施
①施工前应检查热熔涂料的质量，不符合要求应退货。

②施工前应将面层标线位置认真清理干净。
③底漆喷涂应均匀。
④严格控制热熔涂料施工温度。

4. 路面标线发黄

（1）表现形式

标线表面出现变色。

（2）形成原因

①热熔涂料产品质量不好。

②热熔涂料施工时，加热温度过高。

（3）应对措施

①施工前应检查热熔涂料的质量，不符合要求应退货。

②标线施工时，应控制好施工温度，对于温度超过要求的热熔涂料应废弃。

5. 路面标线几何尺寸不合格、线型不垂直

（1）表现形式

标线长度、宽度、纵横向间距不符合设计要求，标线线型不垂直，如图 6-28 所示。

图 6-28　标线线型不垂直

（2）形成原因

①施工前放样错误。

②施工人员操作出错。

（3）应对措施

①施工前应认真放样，并认真进行核查。

②对机械操作人员进行培训，加强施工操作人员责任心。

6. 路面标线逆反射系数不够

（1）表现形式

标线逆反射系数达不到设计要求，如图 6-29 所示。

（2）形成原因

①热熔涂料表面喷洒玻璃微珠用量少。

②玻璃微珠颗粒级配不符合要求。

③热熔涂料加热温度低或环境温度过低，造成表面玻璃微珠与标线粘结不牢。

图 6-29　路面标线逆反射系数不足

（3）应对措施

①玻璃微珠含量及级配应符合要求。

②严格控制热熔涂料施工温度。

7. 路面标线厚度不合格

（1）表现形式

标线厚度不满足要求，如图 6-30 所示。

（2）形成原因

①未按设计厚度喷涂。

②喷涂车车速过快或过慢。

③热熔标线温度控制不当。

（3）应对措施

①严格按设计厚度喷涂，施工中规范操作。

②根据喷涂长度和消耗涂料总量，每天检查标线厚度。

③严格控制热熔标线温度。

图 6-30　标线厚度不符合要求

6.1.6　防眩板

1. 防眩板褪色

（1）表现形式

防眩板放置一段时间后，表面褪色而发白，且色泽不一致。

（2）形成原因

产品质量不合格。

（3）应对措施

更换防眩板，如图 6-31 所示。

2. 防眩板线型不平顺

（1）表现形式

防眩板纵向不顺直，线型不美观。

（2）形成原因

①施工人员未认真施工。

②支架不稳定，造成防眩板扭曲、倾倒而引起变形，发生突变。

（3）应对措施

①安装支架时，应认真放样，确保线型平顺。

②安装防眩板时，应带线进行安装。

③在安装防眩板前，应严格检查支架的强度，发现不合格应立即更换。

图 6-31　更换防眩板

6.2 监控和照明系统

6.2.1 监控系统

1. 监控系统常见问题及应对措施

(1) 监控系统摆放位置出现偏差

我们国家会在每一段高速公路上安装监控设备来实时监控高速公路的道路安全状况,在一些重要地段每隔1km就会有一台监控摄像头,在一些崎岖的山路、隧道等位置还会增加监控系统的设备数量。这些监控设备是在进行现场勘查后进行安装的,但是同样也会出现一些偏差,造成一些视觉上的四角问题。安装高速公路的监控设备时,要充分地考虑可能出现的各种问题,在特殊地段、高架桥、隧道、盘山路等地点合理地安排监控设备,避免死角的出现。在路段附近的高建筑物或高速公路上的广告牌以及一些交通警示牌过密的地方应合理设置安装监控设备。

(2) 实时监控传送图像信息的不完整性

在高速公路中设置监控系统大多会配有摄像头,利用管线、光纤等介质将图像信息传回,然后再进行提取和分析,但是相对一些较偏远的地区或是道路极为复杂的地区,这种并不完美的传送方式就会因为一些不可避免的环境因素而导致图像信息的不完整性。所以在进行传送这些的同时要对这些传送介质进行优化,用最短的路线、最全面的设备来达到对高速公路的实时监控。

(3) 监控系统铺设电缆位置存在误差

在进行高速公路的电缆铺设前会进行详细的计划以及实际的现场考察,但是由于距离的偏远等,在进行铺设电缆的时候,各种不可避免的道路施工问题,和人为测量的误差问题都会造成一定的影响。并且根据道路的地理位置以及环境的不同,所架设的电缆的外壳材质、地理位置也会不同,如在山坡边缘、隧道中或道路中央等。

(4) 实时监控出现偏差

在一些高速公路的监控系统中都有很高质量的硬件设施来保证监控系统的正常使用,但是却常常会忽略了监控系统设备中的软件问题。真正在进行图像处理和监控的主要就是这些软件,没有一个好的且高效率的分析软件,则会大大地降低高速公路监控系统的工作效率,导致实时监控出现偏差。解决措施:更换质量不好的硬件设施,对于这些硬件设施的运行要实施监控。

(5) 电源的不正确引发的设备故障

电源不正确大致有如下原因:供电线路或供电电压不正确,功率不够(或某一路供电线路的线径不够，降压过大等），供电系统的传输线路出现短路、断路、瞬间过压等。特别是因供电错误或瞬间过压导致设备损坏的情况时有发生。因此，在系统调试中，供电之前，应对电源进行严格的核对与检查，发现不正确的电源立即更换或维修。

（6）某些设备之间的连接线路处理不好

由于某些设备（如带三可变镜头的摄像机及云台）的连接有很多条，若处理不好，特别是与设备相接的线路处理不好，就会出现断路、短路、线间绝缘不良、误接线等导致设备的损坏、性能下降的问题。在这种情况下，应根据故障现象冷静地进行分析，判断在若干条线路上是由于哪些线路的连接有问题才产生此种故障现象。这样就会把出现问题的范围缩小。特别值得指出的是，带云台的摄像机由于全方位的运动，时间长了，会导致连线的脱落、挣断。因此，要实时监测设备与各种线路的连接是否符合长时间运转的要求，不符合时要及时进行更换或维修。

（7）设备或部件本身的质量问题

从理论上说，各种设备和部件都有可能发生质量问题。但从施工经验上看，纯属产品本身的质量问题的情况还是有发生过的，其多发生在解码器、电动云台、传输部件等设备上。某些设备从整体讲质量上可能没有出现不能使用的问题，但从某些技术指标上来看却达不到产品说明书给出的指标。应对措施：进行更换或维修，不能自卸处理。

（8）通信接口或通信方式不对应

控制主机与解码器或控制键盘等有通信控制关系的设备之间不对应，也就是说，选用的控制主机与解码器或控制键盘等不是一个厂家的产品所造成的。应对措施：将主机、解码器、控制键盘等设备更换为同一厂家的产品。

图 6-32　监视器画面出现黑杠

（9）监视器画面出现黑白杠

监视器的画面上出现一条黑杠或白杠，并且能向上或向下慢慢滚动，如图 6-32 和图 6-33 所示。一般是是电源的问题或者地环路的问题，大部分情况下是系统产生了地环路而引入了 50Hz 的交流电的干扰所造成的。或者是矩阵切换器等控制主机电源不良

图 6-33　监视器画面出现白杠

或者局部损坏所致。

应对措施：检查系统设备的接地是否良好；还要检查系统周围是否有很强的电磁干扰，如有，则应当予以规避。可以在控制主机上面接入一个电源性能完好的摄像机，然后在监视器中观察有没有类似现象出现，如果没有，那表明控制主机本身没有问题；接着可用一台监视器就近接在前端摄像机的视频输出端，并对摄像机逐个检查，以便查找有否因电源出现问题而造成干扰的摄像机，如果发现问题，可以立即处理；如果上述检测都没有发现问题，说明是地环路干扰造成的。

（10）监视器上出现木纹状干扰

木纹状轻微时不会淹没正常图像，而严重时图像就无法观看了（甚至破坏同步），如图6-34所示。这种现象产生的原因较多也较复杂，大致有以下几种：

①视频传输线的质量不好，屏蔽性能差。

②由于供电系统的电源不"洁净"而引起的。其是指在正常的电源（50周的正弦波）上叠加有干扰信号。

图6-34 监视器出现木纹状干扰

③系统附近有很强的干扰源。

应对措施：加强摄像机的屏蔽，以及对视频电缆线的管道进行接地处理。把所有的这种屏蔽性不好的电缆全部换掉，换成符合要求的电缆。最后清除掉所有的干扰源。

（11）摄像机立杆设置高度不符合设计规定

摄像机立杆的设置高度比规定的高度高或低，主要原因是摄像机立杆商家制作不规范；摄像机立杆在埋置时没有按照设计要求进行埋置，造成立杆设置高度或高或低。

应对措施：重新安装摄像机立杆或直接更换。

2. 注意事项

（1）建立完善的制度和应对规则，协调好各个部门的工作以及提高施工人员的素质

对道路进行监控的信息处理不能仅仅只依赖于交通部门，当有突发状况发生的时候，我们的交通部门要与其他有关部门进行协调共同来解决突发问题。做到快速、准确、安全地处理突发状况。一个完善的制度才能将高速公路监控系统发挥出最大的作用，降低高速公路的一些可以避免的事故率。

(2) 对于不同的状况,要提前制定一个合理的解决方案

很多事故的发生都是一瞬间的,不会给我们太多的时间进行思考讨论解决问题,所以在事故发生前就要考虑各种情况的发生对策,以备不时之需。针对不同的交通状况,不同的地理位置,不同的事件发生时间,做出一个全面的、合理的解决方案,那么在发生事故的同时我们就可以有一个大致的行动方向和应急措施而不是手忙脚乱。根据高速公路上的监控系统所反映的具体信息再做出具体的应对方案,以求最快速的时间里解决这样的突发状况。

6.2.2 照明系统

公路照明系统一般由低压电源线、配电箱(包括低压开关)、低压配电线、灯杆、光源和灯具组成。照明方式可以分为一般照明、局部照明和混合照明。照明种类可以分为正常照明和应急照明。

公路照明一般包括道路照明、互通立交照明、收费广场照明、特大桥照明、隧道照明、平面交叉口照明、服务区及停车区的停车场照明、进出口照明、公路房建区照明以及需要设置照明路段的照明。主要是为了保证行车安全,减少交通事故,为收费、监控、通信、服务设施及运营管理提供正常运行、维护、管理必要的工作照明和应急照明。具有随白天、黑夜或日光照度的变化对照明进行调节控制的功能,以节约能源和降低运营费用。

1. 电杆在运行过程中出现歪斜现象(图 6-35)

形成原因:电杆基坑深度不够。

应对措施:特殊土质或无法保证电杆的稳固时,应采取加卡盘、围桩、打人字拉线等加固措施。基坑回填土应分层夯实,地面宜设防沉土台。对适于夯实的土质,每回填 300mm 厚度应夯实一次,夯实程度应达到原状土密实度的 80% 及以上;对不宜夯实的水饱和黏性土,应分层填实,其回填土的密实度应达到原状土的 80% 及以上。电杆立好后应正直,直线杆的倾斜不应大于杆梢直径的 1/2;转角杆应向外角预偏,紧线后不应向内角倾斜,其杆梢向外角偏移不应大于杆梢直径;终端杆应向拉线侧预偏,其预偏值不应大于杆梢直径,紧线后不应向受力侧倾斜。

2. 绝缘子在运行过程中出现闪络现象

①绝缘子及瓷横担安装前应进行外观检查,保证瓷釉光滑、无裂痕、缺釉、斑点、烧痕、气泡或瓷釉

图 6-35 监控电杆歪斜

烧坏等缺陷。

②绝缘子安装应牢固，连接可靠，不得积水。安装时应清除表面污垢、附着物及不应有涂料；绝缘子裙边与带电部位的间隙不应小于50mm。

3. 线路弧垂变化

线路在夏季弧垂明显偏大，如图6-36所示。同杆上不同电压等级的线路安全距离不能满足；或者在冬季出现弧垂消失甚至断线的事故。

原因在于施工过程中没有严格遵守关于弧垂的规定。架空线路的导线紧好后，弧垂的误差不应超过设计弧垂的±5%。同档内各相导线弧度应一致，水平排列的

图6-36 线路弧垂变大

导线弧垂相差不得大于50mm。所以对于弧垂不标准的线路重新安装拉线即可。

4. 路灯电杆带电

这是最危险的一种故障，也是在施工中应绝对避免的事故性故障。具体应从以下几方面着手防范：

①金属杆进行表面喷漆、喷塑处理，保证其绝缘性能。

②在中性点直接接地的路灯低压网中，金属灯杆、配电箱等电气设备的外壳宜采用低压接零保护。

③在保护接零系统中，用熔断器作为保护装置时，单相短路电流不应小于熔断片额定熔断电流的4倍；用自动开关作为保护装置时，单相短路电流不应小于自动开关瞬时或延时动作电流的1.5倍。采用保护接零时，单相开关应装设在相线上，零线上不得装设开关和保险。

④保护零线和相线的材质应相同，当相线的截面在35mm^{2}及以下时，保护相线的最小截面应为16mm^2。当相线的截面在35mm^{2}以上时，保护零线的最小截面不得小于相线截面的50%。

⑤保护接零时，在线路分支、首端及末端应安装重复接地装置，接地装置的接地电阻不应大于10Ω。在用电设备较少且分散、采用接零保护确有困难且土壤电阻率较低时，可采用低压接地保护。

如图6-37所示为工作人员在进行路灯杆带电故障维修。

图6-37 路灯杆带电故障维修

5. 风雨天气，树木经常造成相间短路现象，甚至引起保护装置动作（图6-38）

①采用绝缘导线作为市内照明线路，或者直接采用可隐蔽施工的电缆线路。

②裸导线与树木的最小距离应符合要求。

6. 路灯运行过程中频发灯具及附件损坏更换现象

如图6-39所示为路灯损坏。正常情况下，新安装的路灯线路及照明器件故障率较低，一年内维修量很小。发生灯具维修频繁的原因主要从器件选择上着手。

图6-38 路灯短路

图6-39 路灯损坏

①灯具、光源、镇流器、触发器、熔断器等电器的型号、规格应参数配套并符合设计要求。额定电压、额定电流、频率、使用环境均应相符。

②灯具、光源、镇流器、触发器、熔断器等电器均应是合格产品，生产厂提供的产品说明书、试验记录、合格证件及安装图纸等技术文件，所有文件应符合现场条件。

第7章 资料管理及实验室管理

7.1 资料管理

7.1.1 资料管理制度不健全

1. 表现形式

资料管理制度没有建立或不健全。

2. 形成原因与应对措施

资料管理制度不健全的形成原因与应对措施见表7-1。

表7-1 资料管理制度不健全的形成原因与应对措施

项目	内容
形成原因	对内业资料档案管理重视不够
应对措施	建立完善的内业资料档案管理制度，使内业资料档案管理工作规范化

7.1.2 资料管理混乱

1. 表现形式

①无专人负责资料的管理工作。

②未设置专门的资料室或档案室，资料分散多处，如图7-1所示。

图7-1 资料管理混乱

③整改资料不闭合，资料未分类归档。

2. 形成原因与应对措施

资料管理混乱的形成原因与应对措施见表 7-2。

表 7-2　资料管理混乱的形成原因与应对措施

项目	内容
形成原因	①资料、档案管理制度不健全。 ②对内业资料分类建档工作不重视。 ③不熟悉资料档案分类管理要求
应对措施	①建立健全资料、档案管理制度。 ②指派熟悉资料档案管理工作的人员负责此项工作，集中管理。 ③加强资料档案管理工作，建立完善的资料档案目录，分类存档

7.1.3　中间检验资料常见问题

1. 表现形式

①无中间检验申请单、工程报验单、工程检验认可书或相关附件。
②报验资料中无相关人员签字、签字不及时或代签现象严重。
③资料填写不规范，相关资料前后矛盾，部分资料无法溯源。

2. 形成原因与应对措施

中间检验资料常见问题的形成原因与应对措施见表 7-3。

表 7-3　中间检验资料常见问题的形成原因与应对措施

项目	内容
形成原因	①施工单位未按规定的程序进行工程报验。 ②施工、监理相关工作人员不负责任。 ③中间检验有关资料整理不严肃、不认真或存在弄虚作假现象
应对措施	①严格按报验程序操作，对合格工程按规定程序报验的资料应及时签字确认。 ②以严肃认真的态度进行资料填写工作，严禁弄虚作假，对造假人员坚决清退。 ③建立奖罚制度

7.1.4　试验资料常见问题

1. 表现形式

①试验台账不齐全，登记不及时。
②自检及抽检频率不足，自检及抽检项目不全，资料不全。

③试验数据修约不规范,数据计算不符合规程要求。
④试验报告签字不全。
⑤伪造试验资料。

2. 形成原因与应对措施

试验资料常见问题的形成原因与应对措施见表7-4。

表7-4 试验资料常见问题的形成原因与应对措施

项目	内容
形成原因	①试验人员责任心不强,工作态度不端正。 ②试验人员数量不足,相应试验检测设备不全。 ③试验人员不熟悉有关试验检测项目、试验规程、规范、标准、技术文件、数据修约规则等
应对措施	①加强试验人员的责任心,端正试验人员工作态度,对试验人员进行岗前培训、考核,对不称职人员应予以辞退。 ②建立完整的试验台账,试验台账应能清楚反映如下内容:试验项目与数量、试验日期、试验频率、试验结果是否合格。 ③配备足够的试验人员,及时补充缺失的试验检测仪器

7.2 实验室管理

1. 表现形式

①试验人员持证率低。
②仪器设备配置不全或仪器设备不能满足试验检测要求,仪器标定超出有效期。
③实验室面积、环境等配置不符合要求。
④检测频率不满足要求。

2. 形成原因与应对措施

实验室管理常见问题的形成原因与应对措施见表7-5。

表7-5 实验室管理常见问题的形成原因与应对措施

项目	内容
形成原因	①试验人员配备不符合要求。 ②实验室投入不足,实验室面积、环境和试验检测仪器配置不符合要求。 ③检测人员责任心差,漏检、少检

（续）

项目	内容
应对措施	①加强实验室投入，配齐、配足试验人员和试验检测仪器设备。 ②安排专人负责实验室的日常维护，保证试验仪器设备和试验环境符合要求，超出有效期的仪器应及时标定。 ③加强实验室的内部管理，明确试验人员工作职责，保证试验检测频率，提高试验检测水平

参 考 文 献

[1] 交通部. 公路勘测规范：JTG C10—2007 [S]. 北京：人民交通出版社，2007.
[2] 住房和城乡建设部，国家市场监督管理总局. 湿陷性黄土地区建筑标准：GB 50025—2018 [S]. 北京：中国建筑工业出版社，2019.
[3] 交通运输部. 公路路基施工技术规范：JTG/T 3610—2019 [S]. 北京：人民交通出版社，2019.
[4] 中国建筑第八工程局有限公司. 公路路面工程施工技术标准：ZJQ08—SGJB 017—2018 [S]. 北京：中国建筑工业出版社，2018.
[5] 交通运输部. 公路桥涵施工技术规范：JTG/T 3650—2020 [S]. 北京：人民交通出版社，2020.
[6] 交通运输部. 公路养护技术规范：JTG H10—2009 [S]. 北京：人民交通出版社，2009.
[7] 王旻，张振和. 图解公路工程施工技术 [M]. 北京：机械工业出版社，2020.
[8] 艾建杰，罗清波. 公路工程施工技术 [M]. 重庆：重庆大学出版社，2020.
[9] 高雅青，李三喜. 工程项目常见问题与防治案例分析 [M]. 北京：中国时代经济出版社，2017.
[10] 李继业，张玉稳. 公路工程施工质量问题与防治 [M]. 北京：化学工业出版社，2007.
[11] 于跟社. 《公路路基施工技术规范》释义手册 [M]. 北京：人民交通出版社，2020.